Selection from
ENGLISH JOURNAL
インタビュー集
2015〜2020

ロックスターの英語

はじめに

『ENGLISH JOURNAL』から厳選された
ロック&ポップスターのインタビューが聞ける

　この本には、アルクの月刊誌『ENGLISH JOURNAL』に2015年から2020年にかけて掲載された記事から、**ロック&ポップス界で活躍するスターたちのインタビュー**を10本選んで収録しています。

　インタビューごとに、音声に忠実な**英文トランスクリプト、対訳、語注、用語解説**などが掲載されています。

　インタビュー音声は、アルクのダウンロードセンター（https://www.alc.co.jp/dl/）から入手することができます。

　歌声と違う魅力がある、スターたちの「生の声」。目の前で語るような臨場感を楽しみつつ、英語リスニングの練習に取り組みましょう。

Welcome to Rock 'n' Roll Interviews!

レベル別・学習モデルプランを参考に
リスニング&スピーキングの力をつける!

　インタビュー・ページの前（p.12〜p.19）では、本書を使った効果的な学習法について、英語力レベル別のモデルプランを紹介します。

　これを参照すれば、自身のレベルに応じて、リスニング力やスピーキング力を含む英語力全体を底上げする訓練ができます。

　インタビュー末尾に「理解度チェック」があるので、どの程度聞き取れたか点検するためにぜひご活用ください。

　では早速、あなたのお気に入りのスターの話を聞いてみましょう!

CONTENTS

4

ベテラン音楽ライターが聞いた
ロックスターの "素顔の"

高見展（たかみ・まこと）

立教大学英米文学科卒。ジャパン・タイムズ紙編集部、ロッキング・オン誌編集部などを経て、現在フリー。翻訳、通訳、音楽評論、映画評論などに携わる。主な出版物に『ヒップホップ・アメリカ』（翻訳監修、ロッキング・オン）、『ザ・ビートルズ/全記録』（編集、プロデュース・センター）など。

| キース・リチャーズ |

　ザ・ローリング・ストーンズのギタリスト、キース・リチャーズのインタヴュー。このわずかな対話の中で50年を超すそのキャリアの深みを伝える語録となっているところが素晴らしい。自身やストーンズの礎となってきた**ブルース**、あるいは**チャック・ベリーからの影響**、**開放弦ギター奏法**、**ストーンズの現在**など、知るべき基本的な事実がここにすべて詰まっている。

　今読み返してみて改めて印象深いのは、60年代当時、イギリスから憧れのアメリカに来てみると人種差別を肌で感じることになったことを振り返っていることだ。キースやストーンズの面々、あるいはザ・ビートルズやイギリスのロック・バンドには**アメリカの黒人ミュージシャンは崇拝の対象**だった。それなのに、アメリカに来てみると、あからさまな人種差別が社会的に横行していることに閉口せざるをえなかったのだ。そんな**時代の空気をちょっとした一言で蘇らせる**キースの言葉はさすがだ。

ムだっただけに、インタヴューもこの作品に終始した内容になっている。

とはいえ、**今の現役ミュージシャンでは最強のインタヴュー巧者**との定評が高いノエルだけにとにかく話が面白いし、ファン・サービスもきっちりこなしていて楽しい。

| リアム・ギャラガー |

90年代のイギリスのロックを代表するオアシスと聞いて、**誰もがまず思い浮かべるのはリアム・ギャラガーのあのアイコニックなヴォーカル**だろう。間違いなく世代を代表する声だといってもいい。

2009年のオアシス解散後にリアムはノエル以外のオアシスのメンバーとビーディ・アイを結成して率いることになったが、アルバムを2枚発表した後にバンドは14年に突如解散。しかし、その後、ソロ活動に乗り出すとリアムは積極的にほかのソングライター

| ノエル・ギャラガー |

ノエル・ギャラガーといえば、当然、あの**オアシス**である。ある意味で、**ブリティッシュ・ロックのギター・サウンドと楽曲の気持ちよさを極限まで引き出してみせた**といえるのが90年代に登場したオアシスの名曲群の数々で、それを一手に書いていたのがノエルなのだ。オアシス解散後もノエルは古典的といってもいい名曲の数々を形にしていたが、それまでとはまったく違うアプローチとサウンドで臨んでみせたのが2017年の『**フー・ビルト・ザ・ムーン?**』だった。

なぜこのような実験へと向かったのか。それは一ロック・ファンとして、イギリスのロックの歴史でも最も重要な転機のひとつとなっている**60年代末のサイケデリック・ロックや80年代末のアシッド・ハウスからの影響などと一度は向き合わなければならなかった**からだ。それだけ重要なアルバ

とのコラボレーションに取り組み、**自身の ヴォーカルを最大限に活かす楽曲とロック・サウンドを取り戻して大復活を遂げた。**

このインタヴューはそんなセカンド・ソロ、**『ホワイ・ミー？ ホワイ・ノット』**をリリースした直後のインタヴューで、確かな手応えを摑んだリアムの自信に満ちた語録が堪能できる。自身にとってのバンド活動の原点や動機、ノエルとの関係などを開けっ広げに明かすその語り口がやはり魅力的だ。

｜ レディー・ガガ ｜

レディー・ガガが主演し、2018 年に公開された映画**『アリー／スター誕生』**を受けてのインタヴューで、ガガと映画の製作、監督、脚本と主演も手がけた**ブラッドリー・クーパー**も取材に参加している。

ただ、原案はブラッドリーによるものではなくて、タイトルからもわかるように、この物語は何度か過去に映画化されている。**これで三度目のリメイク**となるものだが、この物語をレディー・ガガが主演すると聞いた

時にはついに来たかと思えたものだ。というのも、長い下積みを経て、プロデューサーのレッド・ワンと出会い、『ザ・フェイム』が形になっていく過程はどこか『スター誕生』とオーバーラップするところがあったからだ。

ただ、『スター誕生』は**アメリカではほとんど神格化された物語**でもあるため、レディー・ガガも「自分と重なる」というような発言を極力避けているところが興味深い。そんなことをおくびにでも出したら傲慢に取られてしまうからだ。ただ、**どこまでも慎重に、自分の経験をどうやってこの物語に投影したかと発言している**ところから、やはり、主人公アリーと自分を重ね合せているんだなということはよくわかる。

｜ エリック・クラプトン ｜

60 年代末以来、**ロック・ギタリストの頂点**に君臨してきたといってもいいエリック・クラプトンだが、2018 年に公開されたドキュメンタリー映画『**エリック・クラプトン～12 小節**

の人生〜』公開後に行われたインタヴュー。

エリックはブルースをベースにしたロックを60年代末に打ち出したジミー・ペイジやジェフ・ベックらと同じ**ザ・ヤードバーズ**に在籍していたことでも有名だが、3人のうちでは最も求道的にブルースに向かい、その一方で薬物やアルコール依存症で長く苛まれたことでも知られている。

『エリック・クラプトン〜12小節の人生〜』はそんなエリックのキャリアを掘り下げるもので、**ブルースとの出会いやロックと関わってきたことがエリック自身にどういう影響をもたらしてきたかをその生い立ちにまで遡って探っていく**内容になっている。そんな作品を受けてのインタヴューなので、**とても内容が深いし、さまざまな点で腑に落ちる語録**となっている。エリックの本当の人となりをよく伝える内容で素晴らしい。

| ポール・マッカートニー |

言わずと知れた元ザ・ビートルズのポール・マッカートニーのインタヴューだが、2011年に現在の妻、ナンシー・シェベルと結婚する直前に行われたもの。実はナンシーはニューヨーク州出身で、1998年に他界したポールの最初の妻リンダも**ニューヨーク出身**だったことから、ポールの**ニューヨークにまつわる思い出**をひもとき、そのニューヨーク繋がりから2001年にニューヨークを襲った**同時多発テロ事件**を受けて同年開催された**チャリティ・ライヴ「ザ・コンサート・フォー・ニューヨーク・シティ」出演時の思い出**にまで話は及んでいる。

もちろん、ビートルズの話題も登場するし、アメリカに初めて渡って来た頃の自分たちの野心と意気込みを振り返る語り口はとても面白いし、当時のマスコミへの軽妙な対応も微笑ましく偲ばせてくれる。

名曲「レット・イット・ビー」のメイキングや音楽の持つ癒しの意味についても語っていて、読み応えのある内容になっている。

| エルトン・ジョン |

エルトン・ジョンと映画作家でエルトンのパートナーの**デヴィッド・ファーニッシュ**とのインタヴューで、若い男性の間でエイズ検査をしない人間が増えてきていることと、感染者数が増えていることへの警鐘を鳴らす内容となっている。

なぜこのタイミングでそのことを訴えるのか

というと、もちろん、大前提として若年層の間でのエイズへの危機感が薄れてきているという危惧があるからだ。ただ、もうひとつの理由は、**このインタヴューが行われた2018年7月にエルトンは最後のツアーだと標榜する「フェアウェル・イエロー・ブリック・ロード・ツアー」を控えていた**からだ。

つまり、自身の最後のツアーとなれば相当な注目を浴びるはずなので、その機会を利用して若年層にエイズへの警鐘を鳴らしたいということなのだ。それも同性婚を果たしたパートナーのデヴィッドと揃ってのインタヴューというのだから徹底している。

ツアーはコロナの影響でいったん延期になっているが、再開したら来日も果たしてほしい。

｜ テイラー・スウィフト ｜

2014年に『1989』で世界的な現象を巻き起こしたテイラー・スウィフト。もともとカントリー・アーティストとして活動を始めたが、カントリーという枠に捉えられることなく、より

ポップなサウンドに向かっていたのはアルバムごとに窺われる変化でもあった。

しかし、『1989』でテイラーは、完全なポップ・アルバム制作を目指し、それがこのモンスター・アルバムとなった。では、なぜテイラーはポップを目指したのか。それは**自分の紡ぐラヴ・ストーリーの数々をより多くのリスナーに聴いてもらいたい**からだ。

そもそもテイラーがカントリーの世界に飛び込んだのも、カントリーなら自分が紡いだ物語をきっちり自分で歌えるという見込みがあったからで、ある意味でテイラーは**「物語」にひたすら突き動かされてきたアーティスト**なのだ。

そうしたテイラーの資質をよく伝えているのがこのインタヴューで、**三度の飯より本が好き**という彼女の情熱をよくわからせてくれる。

　2008年の『19』で一躍イギリスを代表するシンガー・ソングライターとして注目されたアデルだが、10年の『21』ではその楽曲とサウンドとヴォーカル・パフォーマンスもすさまじい飛躍をみせ、ヨーロッパだけでも1000万枚ものセールスを誇る驚異的な現象を生み出すことになった。**世界中の音楽賞を総なめにする「時の人」**となった後、制作されたのが15年の**『25』**だった。

　もちろん、**ありとあらゆる記録を塗り替えた『21』に続く作品として、アデルには相当なプレッシャーがかかったはずだ。**しかし、恋人との破局を作曲のモチーフにした『21』の時とは違って、結婚と出産という大きな転機をアデルはその後経験していた。

　このインタヴューは各国でチャート1位を軒並み記録した『25』リリース後に行われたもので、自身に訪れた心境の変化と、そのせいでプレッシャーをはねのけたことを直裁に語っていて、あらためてアデルの頼もしさを伝えてくれる。

　嵐の新曲にして完璧なモダン・バラード「Whenever You Call」を書いたブルーノ・マーズ。その最大のヒット作**『24K・マジック』**は、あまりに**ぶ厚いコテコテのファンク**となって2016年当時は驚きをもって迎えられた。

　誰もが当惑したのは、それまでブルーノはどこまでも磨き上げられた、非の打ちどころのないポップ路線を追求していたからだ。ソングライターとして下積みを続けながら、ようやく2010年にファースト・アルバム『ドゥー・ワップス＆フーリガンズ』を世に問うチャンスを手にした時、絶対に失敗することは許されなかったからだ。しかし、その6年後、この『24K・マジック』でブルーノは**自身のファンク愛を突如爆発させる**ことになる。

　それはどうしてかというと、実はこれがずっとやりたかったことだったからだ。このインタヴューでも触れられている、離婚する前の父と母がかつてホノルルでやっていたショー・バンドではきっとファンクが定番だったのだ。その後、ブルーノは父とホームレスとなり、空家を不法占拠して暮らしていたことでも知られている。そんな記憶の片鱗も窺わせる貴重なインタヴューだ。

ロックスターのインタビューで 英語力 パワーアップ

Text by Noboru Matsuoka

松岡 昇●青山学院大学大学院国際政治経済研究科修了。
獨協大学、東洋大学で講師、NPO グローバル・ヒューマン・イノベーション協会
理事を務める。専門は、国際コミュニケーション、社会言語学。
著書に『日本人は英語のここが聞き取れない』（アルク）、『会話力がアップする英
語雑談 75』（DHC）など。「1000 時間ヒアリングマラソン」の主任コーチとして
活躍するかたわら、英語およびグローバル人材育成セミナーで講師を務めている。

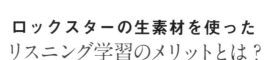

ロックスターの生素材を使った リスニング学習のメリットとは？

01 | 生の英語素材には魅力がいっぱい

　生のインタビュー素材には、教科書の英語にはないさまざまな魅力があります。

　第一に、話している人物が声優やナレーターではなく、本人が自分の思いや考え
を自分の言葉で話している点です。本書では、ロックスター本人が、シナリオではな
く自分の言葉で話しているのですから、音楽ファンにはたまりません。音楽ファンなら
ずとも、世界的なスターの話なら、教科書を読むナレーターの英語より、興奮度はは
るかに高くなるはずです。

　第二に、生の素材の魅力は、バラエティーに富んでいることです。画一化さ
れた教科書英語とは違って、人それぞれの話し方の癖が、スピードや言い回し、
アクセントなどに見られ、個性を楽しめることです。

　第3は「不完全」であることです。教科書の英語は完璧なセンテンスの集合体で

すが、そのような英語は現実の人間の発話には存在しません。会話は瞬間芸ですから、間違いもすれば、言い直しもし、言葉に詰まることもあれば、途中で中断することもあります。生の素材は、こうした現実の「正しい不完全な英語」を教えてくれる貴重な教科書なのです。

02 | リスニングは4技能の原点

　本書は、ダウンロードして聞ける音声素材を使ってリスニング力をパワーアップすることを目的に編集されたものです。したがって、音声を聞くことが練習の中心になり、テキスト（スクリプト、対訳、語注）はあくまでも補助的なものとして考えられます。しかし、リスニングは4技能（聞く、話す、読む、書く）の原点です。リスニングのパワーアップはスピーキング力の向上に直結します。同時に、音声を文字にすれば、リーディング、ライティングのパワーアップにもつながります。また、これらのプロセスで語彙力の増強も同時進行します。本書の利用を聞き取り練習にとどめず、欲張ってあなたの英語力全体のパワーアップにつなげてください。

03 | 学 習 方 法

　本書を利用した学習方法の例をレベル別に紹介します。各レベルとも STEP 3 または4の後に「理解度チェック」（各インタビューの最終ページに掲載）があります。GOAL に示された得点をクリアーしたら、1レベル上の方法でチャレンジしてください。なお、各レベルとも、GOAL の後はスピーキングやリーディングのパワーアップにつなげる〈発展学習〉です。範囲や回数は指定していませんので、自分のペースに合わせてあれこれ試してみてください。

初級者
ELEMENTARY

TOEIC 500点未満

[GOAL]

話の「森」(=大筋)が見える

　　初級レベルでは、語注類と Interviewer の質問文（英文、訳文）の助けを借りて、合計 10 回の聞き取りで話の「大筋」がつかめることを目標とします。

　　たとえ最初はまったく聞き取れなくても、以下のステップに従って、まず、用語解説と語注（背景知識とボキャブラリー）をあらかじめ頭に入れることで徐々に聞き取りが容易になり、次いで、Interviewer の質問文を理解することでインタビュイーの答えの「大筋」を予想できるようになります。

　　どれほど速い英語でも、途中で音声を止めることはせずに、自然の英語の流れに身を任せてください。少しずつ聞こえてくる語句が増えてくるはずです。

STEP 1	全体を聞く	まずはインタビューを最初から最後までノンストップで2回聞く。気持ちでは、いつでも、最初の1回で「森」（＝大筋）をつかむつもりで。 （1～2回目）
STEP 2	用語解説 ➕ 全体を聞く	トラックごとに、テキストの「用語解説」に目を通してから音声を聞く。この作業が最後まで終わった後で、再度、全体を最初から最後までノンストップで2回聞く。 （3～5回目）
STEP 3	語注 ➕ 全体を聞く	トラックごとに、テキストの「語注」に目を通してから音声を聞く。この作業が最後まで終わった後で、再度、全体を最初から最後までノンストップで2回聞く。 （6～8回目）
STEP 4	質問文 ➕ 全体を聞く	Interviewer の質問文（英文と訳文）をテキストで読む。その後、全体を最初から最後までノンストップで2回聞く。 （9～10回目）

└─→ 「理解度チェック」を行う ─→ 3/10 以上 ─→ **GOAL**

発展学習

STEP｜5 スクリプトを1文ずつ読み、内容を確認する。

STEP｜6 自分のスピードで音読をする。

STEP｜7 1文ごとに、スクリプトを見て読み、顔を上げて（スクリプトから目を離し）同じ文をもう一度繰り返して言う。

STEP｜8 スクリプトを見ながら、シャドーイング（音声を止めずに、すぐ後から影のようについて英文を音読する練習）をする。音声についていけるようになるまで繰り返す。

中級者

INTERMEDIATE

TOEIC 500〜750点

[GOAL]

話の「森」と「木」(=要点)が見える

　中級レベルでは、語注類と Interviewer の質問文（英文）の助けを借りて、合計7回の聞き取りで話の「大筋」と「要点」がつかめることを目指します。

　このレベルでも、固有名詞（人名、アルバムタイトルなど）が多いため、何の予備知識もなく聞けば「大筋」をつかむことさえ極めて困難です。用語解説と語注から背景知識とボキャブラリーを仕入れ、また Interviewer の質問文を英文であらかじめ読むことで、聞き取りやすさが違ってくるはずです。

　和訳の作業は、速い英語では、理解の妨げにしかなりません。和訳を諦め、音声を止めずに、英語の流れに身を任せると、少しずつ日本語を介さない「映像」（=話されている内容のイメージ）が見えてきます。

STEP1	**全体を聞く**	まずはインタビューを最初から最後までノンストップで1回聞く。気持ちでは、いつでも、最初の1回で「木」（＝要点）をつかむつもりで。 （1回目）
STEP2	**用語解説 ➕ 全体を聞く**	トラックごとに、テキストの「用語解説」に目を通してから音声を聞く。この作業が最後まで終わった後で、再度、全体を最初から最後までノンストップで1回聞く。 （2〜3回目）
STEP3	**語注 ➕ 全体を聞く**	トラックごとに、テキストの「語注」に目を通してから音声を聞く。この作業が最後まで終わった後で、再度、全体を最初から最後までノンストップで1回聞く。 （4〜5回目）
STEP4	**質問文 ➕ 全体を聞く**	Interviewer の質問文（英文のみ）をテキストで読む。その後、全体を最初から最後までノンストップで2回聞く。 （6〜7回目）

└──→ 「理解度チェック」を行う ─→ 6/10 以上 ─→ **GOAL**

発展学習

STEP｜5	スクリプトを1文ずつ読み、内容を確認する。
STEP｜6	自分のスピードで音読をする。
STEP｜7	1文ごとに、スクリプトを見て読み、顔を上げて（スクリプトから目を離し）同じ文をもう一度繰り返して言う。
STEP｜8	スクリプトを見ながら、シャドーイング（音声を止めずに、すぐ後から影のようについて英文を音読する練習）をする。音声についていけるようになるまで繰り返す。
STEP｜9	スクリプトを見ずに、シャドーイングをする。音声についていけるようになるまで繰り返す。

上級者
ADVANCED

TOEIC 750点以上

[GOAL]

話の「森」と「木」と「枝葉」（=詳細）が見える

　上級レベルでは、語注類の助けのみを借りて、合計5回の聞き取りで話の「大筋」、「要点」、そして「詳細」がつかめることを目標とします。

　このレベルの人は、いきなり1、2度聞いただけでも、「大筋」や「要点」はかなりのところまでつかめるはずです。しかし、細かい部分を聞き取ることには、もうひとつ自信が持てない段階です。やはりポイントは、背景知識とボキャブラリーです。「知っている話題」は細かい部分まで比較的楽に聞き取れるものです。

　詳細を聞き取ろうと力を入れると、瞬時に理解できない特定の語句が気になり、理解の流れを妨げます。語注類をチェックした後は、力を抜いて英語の流れに身を任せてください。はじめのうちはザルのように細かい情報が素通りしていく不安を覚えますが、徐々に慣れて、リラックスした状態で「枝葉」まで見えるようになってきます。

STEP 1	全体を聞く	まずはインタビューを最初から最後までノンストップで1回聞く。気持ちでは、いつでも、最初の1回で「枝葉」(=詳細) までつかむつもりで。　　　(1回目)
STEP 2	用語解説 ➕ 全体を聞く	トラックごとに、テキストの「用語解説」に目を通してから音声を聞く。この作業が最後まで終わった後で、再度、全体を最初から最後までノンストップで1回聞く。　　　(2〜3回目)
STEP 3	語注 ➕ 全体を聞く	トラックごとに、テキストの「語注」に目を通してから音声を聞く。この作業が最後まで終わった後で、再度、全体を最初から最後までノンストップで1回聞く。　　　(4〜5回目)

「理解度チェック」を行う ⟶ 8/10 以上 ⟶ **GOAL**

発展学習

STEP | 4　スクリプトを1文ずつ読み、内容を確認する。

STEP | 5　自分のスピードで音読をする。

STEP | 6　1文ごとに、スクリプトを見て読み、顔を上げて (スクリプトから目を離し) 同じ文をもう一度繰り返して言う。

STEP | 7　スクリプトを見ながら、シャドーイング (音声を止めずに、すぐ後から影のようについて英文を音読する練習) をする。音声についていけるようになるまで繰り返す。

STEP | 8　スクリプトを見ずに、シャドーイングをする。音声についていけるようになるまで繰り返す。

STEP | 9　対訳を見ながら、1文ずつ口頭で英訳する。

STEP | 10　インタビューの内容を自分の英語で要約する。

インタビュー・ページの読み方

この本のインタビュー・ページの本文は、次のように構成されています。
最初の扉ページで、それぞれのスターのプロフィールや、話し方の難易度や特徴をチェックし、
自分のレベルや関心に合わせてインタビューを聞いて／読んでみましょう。

トラックナンバー

ダウンロード音声のトラック番号を示します。各インタビューとも、第1トラックがタイトルコール、第2トラック以降がインタビュー本文という構成になっています。また、本文のトラックには、その収録パートで述べられている内容の参考になるよう、中見出しを付けてあります。中見出しは音声がありません。

和訳例

英文のスタイルにできる限り即した訳になるようにしています。学習の参考にしてください。ただし、どのレベルの方も、最初は訳例を見ないで英文をリスニング／リーディングされることをお勧めします。

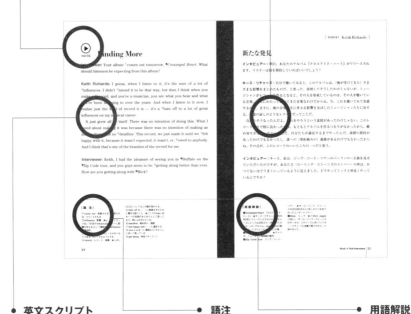

英文スクリプト

音声に忠実に書き起こした英文トランスクリプトです。ただし、単語と認識し難い発声や相づち、言いよどみ、どもりなどは、表記されていない場合があります。英文中の①②③という数字は左ページ下の「語注」、❶❷❸という数字は右ページ下の「用語解説」の各番号に対応します。

語注

注意が必要と思われる単語や表現について、ここで使われている意味の訳語を付けてあります。必要なものについては、訳語の後に★印で補足説明を付けてあります。

用語解説

主として、固有名詞と、話の理解に必要と思われる背景や事情について、解説を付けています。

Rock 'n' Roll Interviews

ここから10本の
インタビューが始まります

ロックスターの英語はどれも個性的。
曲作りに込めた情熱、
演奏すること、歌うこと、
そして生きることについての信念を
真摯に語ってくれます。

気分に合わせて曲をかけるように
あなたの好きなところから聞いてみましょう。

Enjoy!

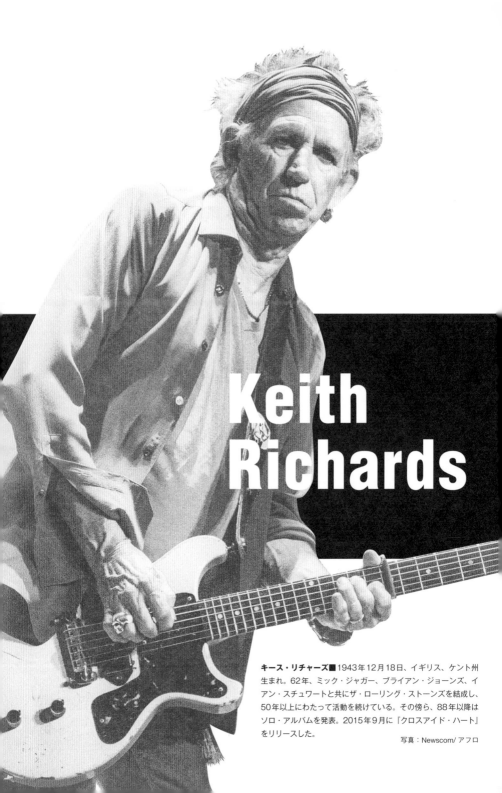

Keith
Richards

キース・リチャーズ■1943年12月18日、イギリス、ケント州
生まれ。62年、ミック・ジャガー、ブライアン・ジョーンズ、イ
アン・スチュワートと共にザ・ローリング・ストーンズを結成し、
50年以上にわたって活動を続けている。その傍ら、88年以降は
ソロ・アルバムを発表。2015年9月に『クロスアイド・ハート』
をリリースした。

写真：Newscom/ アフロ

TRACK **01**

■収録日：2015年9月9日　■収録地：トロント（カナダ）

スピード	遅め
語彙	普通
発音	明瞭

「古きを愛し
革新を尊ぶ
ロックの重鎮」

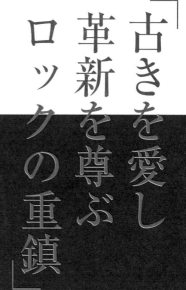

*"Who wants to
jump off a moving
bus?"*

「動いているバスから飛び降りたがるやつなんて、いないだろ？」

Naoki Ogawa's **Comment**

話し方は年配者ならではのスローペースだ。だが発音は崩れてはいない。聞きやすい英語だ。母音後の r が落ちる、either を [áɪðə]（p. 28、6行目）と発音しているなど、基本的な英国英語の特徴はある。tuning、tune（p. 30、トラック04、4行目、7行目）の語頭子音が [tʃ] となっている点も見逃せない。英国の大衆的な発音だ。米音では tune は [túːn] となる。「チューン」は米国人からすれば大きな違いなのだ。しかし米国在住のためだろうか、いかにも英国英語という感じではない。誰にでも聞きやすい世界的に通用する中立的な英語という感じだ。なおキース・リチャーズと対照的なのはミック・ジャガーだ。彼は米国在住でも強いイングランド南部訛りを維持している。2012年発行の『ロックスターの英語』で聞けるので、参照してみてほしい。ちなみに blues「ブルース」は何度も使われるが、英語の発音は [blúːz] だ。

小川直樹（おがわ・なおき）：英語音声学者・コミュニケーション向上コンサルタント。上智大学大学院言語学専攻博士前期課程修了。イギリスのレディング大学で研修。聖徳大学教授を経て、コミュニケーションのコンサルティング会社（株）Heart-to-Heart Communications設立。著書に『【新装版】耳慣らし英語ヒアリング2週間集中ゼミ』（アルク）、『イギリス英語発音教本』（研究社）などがある。

Finding More

Interviewer: Your album ①comes out tomorrow, ❶*Crosseyed Heart*. What should listeners be expecting from this album?

Keith Richards: I guess, when I listen to it, it's the sum of a lot of ②influences. I didn't ③intend it to be that way, but thcn I think when you make a ④record, and you're a musician, you are what you hear and what you've been listening to over the years. And when I listen to it now, I realise just the kind of record it is — it's a ⑤hats off to a lot of great influences on my musical career.

It just grew all by itself. There was no intention of doing this. What I loved about making it was because there was no intention of making an album, there was no ⑥deadline. This record, we just made it until we ⑦felt happy with it, because it wasn't expected, it wasn't, er, ⑧owed to anybody. And I think that's one of the beauties of the record for me.

Interviewer: Keith, I had the pleasure of seeing you in ❷Buffalo on the ❸Zip Code tour, and you guys seem to be ⑨getting along better than ever. How are you getting along with ❹Mick?

語 注

①come out　発表される、発売される、リリースされる
②influence　影響　★p. 26、トラック03、1行目のinfluencedは、「〜に影響を与える」という意味の動詞influenceの過去形。
③intend A to do　Aに〜させるつもりである、Aに〜させようとする
④record　レコード、音盤　★しばし

ばCDについてもこの語が使われる。
⑤hats off to ~　〜に敬意を示すために帽子を脱ぐこと　★ここではhats offを一つの名詞のまとまりとして扱っており、前にaを付けている。
⑥deadline　締め切り、期限
⑦feel happy with ~　〜に満足する
⑧owe A to B　A（義務など）をB（人）に対して負っている
⑨get along　仲良くやっていく

新たな発見

インタビュアー：明日、あなたのアルバム『クロスアイド・ハート』がリリースされます。リスナーは何を期待していればいいでしょう？

キース・リチャーズ：自分で聴いてみると、このアルバムは、（俺が受けてきた）さまざまな影響をまとめたものだ、と思った。意図してそうしたわけじゃないが、ミュージシャンがレコードを作るとなると、その人を形成しているのは、その人が聴いている音楽、長年にわたって聴いてきた音楽なわけだからね。今、これを聴いてみて実感するのは、まさに、俺の音楽人生に多大な影響を及ぼしたミュージシャンたちに対する、敬意の証しのようなレコードだってことだ。

　自然とそうなったんだよ。これをやろうという意図があったわけじゃない。このレコード作りで特に良かったのは、もともとアルバムを作るつもりがなかったから、締め切りがなかったという点だ。自分たちが満足するまでやったんだ。周囲の期待があったわけでもなかったし、誰への（契約絡みの）義務があるわけでもなかったからね。その点が、このレコードのいいところの一つだと思う。

インタビュアー：キース、私は、ジップ・コード・ツアーのバッファロー公演を見せていただいたのですが、あなた方（ローリング・ストーンズのメンバー）の仲は、かつてないほどうまくいっているように見えました。どうやってミックと仲良くやっているんですか？

| 用語解説 |

❶ *Crosseyed Heart*　『クロスアイド・ハート』　★キース・リチャーズが2015年9月にリリースしたアルバム。リチャーズにとっては23年ぶり、3枚目のスタジオ・ソロ・アルバム。crosseyedは「寄り目の、とろんとした、酔った」の意。
❷ *Buffalo*　バッファロー　★アメリカ、ニューヨーク州西部の都市。
❸ *Zip Code tour*　ジップ・コード・

ツアー　★ザ・ローリング・ストーンズが2015年5月から7月にかけて北米で行ったコンサートツアー。
❹ *Mick*　ミック　★＝Mick Jagger (1943-)。ザ・ローリング・ストーンズのボーカル。リチャーズと共に「ジャガー／リチャーズ」名義で数々の大ヒット曲を生んだ。

Richards: Er, thank you very much, but, er, I do feel ❶the Rolling Stones are still sort of finding themselves, in a way. Er, there's a lot of excitement in the band. I think they're playing, er, you'd think you'd ①peak somewhere but, er, as a band musically and within the band, I think there's a feeling of, "Come on there's, you know, we're, there's more in there yet." There's more to find out about music and about the Rolling Stones and probably about ourselves. And so you ②are, kind of, driven to do it. I mean who wants to jump off a moving bus? I mean, you know. Ha-ha.

TRACK 03

Bringing the Blues Back

Interviewer: A lot of people know the music that influenced you because of you speaking about it. It must be very ③gratifying for you to have ④popularised artists such as ❷Muddy Waters and ❸Lead Belly.

| 語 注 |

①peak　最高点に達する、ピークを迎える
②be driven to do　〜するよう駆り立てられる、〜せざるを得ない
③gratifying　満足な、喜ばしい
④popularise　〜を社会に広める、〜を大衆に浸透させる　★イギリス式のつづり。アメリカ式ではpopularize。

リチャーズ： どうもありがとう。俺は今も、ローリング・ストーンズはある意味で、自分探しの過程にあると思っているんだ。俺たちのバンドには、わくわくすることがたくさんある。みんなプレイしながら、どこかでピークを迎えるものだと思っているんだろう。だが、バンドの音楽面について考えても、俺たちのバンド内には、こんな感覚がある。「いやいや、そこにまだ何かあるよ」。音楽にも、ローリング・ストーンズにも、そしておそらく俺たち自身の中にも、見いだせるものが、まだあるんだ。そうした思いに駆り立てられているのさ。だって、動いているバスから飛び降りたがるやつなんて、いないだろう？　ハハハ。

ブルースを取り戻すこと

インタビュアー： あなたに影響を与えた音楽を、多くの人が知っています。よくお話しされていますからね。マディ・ウォーターズやレッドベリーといったアーティストを世に広められたのは、とてもうれしいでしょうね。

| 用語解説 |

❶the Rolling Stones　ザ・ローリング・ストーンズ　★1962年にイギリスのロンドンで結成された、世界的ロックバンド。その後、メンバーの入れ替わりはあったものの、一度も解散することなく現在も活動し続けている。「サティスファクション」(65)、「ジャンピン・ジャック・フラッシュ」(68)、「ホンキー・トンク・ウィメン」(69) など、ヒット曲多数。

❷Muddy Waters　マディ・ウォーターズ　★(1913-83)。アメリカのブルース歌手、ギタリスト。「シカゴ・ブルースの父」と称される。

❸Lead Belly　レッドベリー　★(1888頃-1949)。アメリカのフォーク歌手、ブルース歌手。12弦ギターの名手としても知られる。今も歌い継がれるフォークの名曲を多数レコーディングした。Leadbellyと表記されることもある。

Richards: Er, it was one of those, er, [1]side effects of what we did, er, as the Stones. And as, and, in England, er, we were hearing very little [2]blues, or [3]rhythm and blues. And, but probably because we [4]were so starved, we [5]became so obsessed by it. And it, "Other people must hear this," you know. And, but, the [6]weird thing is that when we got to America, we realised that most of America wasn't listening to it, either. Not because they didn't like it, but because they didn't go down that end of the dial on the radio.

There was a sort of [7]segregation all the way through society and, um, and I think probably what the, you know, was the greatest things for me to, was to meet people like Muddy Waters, ❶B.B. King, ❷Buddy Guy and ❸John Lee Hooker included. Er, these are guys that we [8]looked up to as the gods. And, er, and they would come and thank us for [9]reviving and bringing the blues back to America, you know.

| 語 注 |

① side effect　副作用、思わぬ結果
② blues　ブルース　★アメリカ南部のアフリカ系の人々の間で、19世紀後半に生まれた音楽。
③ rhythm and blues　リズム・アンド・ブルース　★1940年代にブルースから発展して誕生したポピュラー音楽。略称R&B。
④ be starved　飢えている、切望する、渇望する
⑤ become obsessed by ~　~に心を奪われる、~に取り付かれる
⑥ weird　不思議な、変な
⑦ segregation　分離、隔絶、(アメリカにおける白人と黒人の) 人種隔離(政策)
⑧ look up to A as B　AをBとして尊敬する、AをBとしてあがめる
⑨ revive　~を生き返らせる、~をよみがえらせる

リチャーズ：ストーンズの活動の、いわゆる副次効果だね。（生まれ育った）イングランドでは、ブルースやリズム・アンド・ブルースを耳にすることは、めったになかった。たぶん、すごく飢えていたからだろうね、すっかりブルースに取り付かれた。それで、「ほかの連中にもこれを聴いてもらわなくちゃ」、そう思った。だが不思議なことに、アメリカに渡ってみると、アメリカ人もほとんどブルースを聴いていないとわかった。嫌いなわけではなく、ラジオのダイヤルを、最後の方（にあるブルースの局）まで回さないからだ。

（当時のアメリカでは）人種隔離政策が社会全体に行き渡っている感じだった。俺にとって最高だったのは、マディ・ウォーターズやB.B.キング、それにバディ・ガイ、そしてジョン・リー・フッカー（といった黒人ミュージシャンたち）に会えたことだ。俺たちが神みたいに尊敬していた人たちだ。そういうミュージシャンたちが俺たちのところへやって来て、アメリカにブルースを復活させてくれて、取り戻してくれて、ありがとう、なんて言うんだよ。

| 用 語 解 説 |

❶**B.B. King** B.B.キング ★（1925-2015）。アメリカのブルース歌手、ギタリスト。1984年にブルースの殿堂入り、87年にロックンロールの殿堂入りを果たした。2015年5月、ラスベガスで死去。
❷**Buddy Guy** バディ・ガイ ★（1936- ）。現在も活躍するアメリカのブルース歌手、ギタリスト。マディ・ウォーターズと同様、「シカゴ・ブルース」

を牽引した。2015年のグラミー賞では生涯業績賞を獲得した。
❸**John Lee Hooker** ジョン・リー・フッカー ★（1917-2001）。アメリカのブルース歌手、ギタリスト。「キング・オブ・ブギ」と称される。

Well, that is probably far bigger ①aim than I ever had expected, you know, ha-ha, and this is not something . . . You expect to make a few good records and hope to ②turn a few people on. But to have your own people turn round and thank you for it, I thought that was, er, that's a big one to ③bear. I'm still trying to get my ④hands around that one. But, er, at the same time I'm very happy that they thought that we were ⑤integral part of, er, bringing the blues back, er, into American ⑥mainstream music.

TRACK **04**

The Experimenter

Interviewer: Could you tell us some more about the guitar playing that you talk about in ❶the documentary?

Richards: Where do you wanna start? The ❷five-string guitar? Actually it is a very ⑦old-fashioned ⑧tuning — it actually comes from ⑨banjo, I believe, although it's, kind of, ⑩murky history, you know, because banjo players ⑪went out of work, but then they would get a cheap guitar, and they would tune it to banjo tuning. And it went through a whole lot of, er, ⑫shuffles — some people call it Spanish tuning. Um, there's people "❸open G."

│ 語 注 │

①aim　狙い、目標、意図　★この部分は、正しくはa far bigger aim。
②turn ~ on　〜に興味を起こさせる、〜を興奮させる
③bear　〜に耐える、〜を支える
④hands　★正しくはhead。get one's head around ~ で「〜を理解する」の意。
⑤integral　絶対必要な、必須の　★この部分は、正しくはan integral part。

⑥mainstream music　（その時代の）主流になっている音楽　★mainstreamは「主流の」の意。
⑦old-fashioned　古風な、旧式の
⑧tuning　調律、チューニング　★3行下のtuneは動詞で「調律する」の意。
⑨banjo　バンジョー　★カントリー音楽などで用いる弦楽器。
⑩murky　曖昧な、はっきりしない
⑪go out of work　失業する
⑫shuffle　改変、混乱

　そんな大それたことをしようとは、思っていなかったんだけどね、ハハハ。そんなことは……。いいレコードを作り、それを好きになってくれる人が少しいればいい、そう思うだけでね。憧れのミュージシャンたちがこっちを向いて、お礼を言ってくれるなんて、受け止められないくらいの大事件だった。今でも理解しきれていないくらいだよ。とはいえ、俺たちが、アメリカのメインストリーム音楽にブルースを取り戻すのに重要な役割を果たした、と思ってもらえているのなら、すごくうれしいけどね。

実験者

インタビュアー：ドキュメンタリーで話していたギターの奏法について、もっと聞かせていただけますか？

リチャーズ：どこから始める？　5弦ギターの話か？　実のところ、これは、かなり昔からあるチューニング法なんだ。もともとはバンジョーのチューニングだったはずだ。まあ、定かではないが。仕事がなくなったバンジョー弾きたちが、安いギターを手に入れて、バンジョー風のチューニングをした。それから、実にいろんな紆余曲折があってね、これをスパニッシュ・チューニングと呼ぶ人もいるし、「オープンG」と呼ぶ人もいる。

| 用語解説 |

❶the documentary　★2015年9月、アルバム発売に合わせてネットフリックスで配信を開始したドキュメンタリー作品『キース・リチャーズ：アンダー・ザ・インフルエンス』のこと。
❷five-string guitar　5弦ギター　★オープンG（❸参照）にチューニングしたギターから6弦を外して演奏するのが、リチャーズのトレードマーク。

❸open G　オープンG　★開放弦で鳴らしたときにGコードの長和音になるようにする、チューニングスタイル。

I ①got fascinated with it because it wasn't your ②classico-mode. It was, it, in a way, you were given another instrument to play with and ③figure out. And especially when you ④electrified it, you start to get these ⑤drone notes going that, um, you can't get on a regular guitar. And so I decided, well, I've found this, sort of interesting — especially for a ⑥rhythm guitar — this incredible ⑦bed for music and, er, especially for blues, and rhythm and blues, and ⑧rock 'n' roll to ⑨lean on.

And so, I just experimented. At the time, I suppose I did it because I was not gonna get any better on the six-string. And I thought, well, I could take one string off and then ⑩reinvent, er, things. Um, that'll help me for, er, and it did, for what I wanna do. It's a kind of unique tuning, and I don't recommend it for everybody. Ha-ha.

TRACK 05

Influences and Memories

Interviewer: What is it particularly about ❶Chuck Berry that you respect? I mean, he was a ⑪big figure in ❷this film, and you were also a ⑫driving force behind making a documentary film about him called ❸*Hail! Hail! Rock 'n' Roll*.

| 語 注 |

①get fascinated with ~ ～に魅了される、～に心を奪われる
②classico-mode 古典的な音階 ★ classico- は「古典的な」を表す接頭辞。
③figure out ~ ～を理解する
④electrify ～に電気を通す
⑤drone note ブーンとうなる音
⑥rhythm guitar リズムギター ★ 和音による伴奏を担当するギター。

⑦bed 土台、下地
⑧rock 'n' roll ロックンロール ★ 1950年代からアメリカで流行し始めたポピュラー音楽。リズム・アンド・ブルースとカントリー音楽のスタイルを融合させる形で生まれた。
⑨lean on ~ ～に頼る
⑩reinvent ～を再発明する、～を作り変える
⑪big figure 大物、重要人物
⑫driving force 原動力、推進力

　俺があのチューニングに夢中になったのは、古典的な音階とは違ったからだ。ある意味で、別の楽器を渡されて、弾き方を模索するような感じだった。とりわけ、エレキギターでやると、普通のギターでは出せないようなブーンという音を出せる。だから、なんというか、面白いと思ったんだ——特にリズムギターとして使うとね——音楽、特にブルース、リズム・アンド・ブルース、ロックンロールの下地として頼るのに、最高なんだよ。

　だから、とにかく実験したんだ。おそらく当時は、6弦ギターでやるのに行き詰まっていたのだと思う。それで、1本弦を外して、作り変えられるんじゃないか、と思った。そうしたら、それのおかげで、俺の理想どおりの音が出せたんだ。少しばかり独特のチューニングなので、万人に勧めはしないけどね。ハハハ。

影響と記憶

インタビュアー：チャック・ベリーの、特にどんなところを尊敬しているのでしょう？彼はこのドキュメンタリーで大きく取り上げられていましたし、チャックのドキュメンタリー映画『ヘイル！ヘイル！ロックンロール』でも、あなたは製作の原動力となったわけですが。

| 用語解説 |

❶**Chuck Berry** チャック・ベリー ★(1926-2017)。アメリカの歌手、ギタリスト。ロックンロールの創始者の一人と言われる。86年にロックの殿堂入り。
❷**this film** ★前出の『キース・リチャーズ：アンダー・ザ・インフルエンス』(p. 31、❶参照)のこと。
❸*Hail! Hail! Rock 'n' Roll* 『ヘイル！

ヘイル！ロックンロール』 ★1986年10月に開催されたチャック・ベリーの「60歳バースデイ・コンサート」の模様と、インタビュー、リハーサル映像などを収めた、ドキュメンタリー映画(87年公開)。同作でリチャーズは、音楽プロデューサーを務めた。

Richards: It's strange. [1]Y'know, weird because, you know, I always only [2]look upon myself as a musician, um, although, I mean, [3]obviously, I enjoy movies and filmmaking, you know, a lot. I enjoy loads of things. I read a lot. And what, er, Chuck Berry, I always felt that I owed the man an incredible [4]debt, er, for his music and for, and the fact of turning me on.

At the same time, I just thought, er, Chuck was the [5]epitome of what, er, [6]archetypal rock 'n' roll should be. He did great songs, incredible beat. The [7]lyrics, they're, always got a little joke or two in them, nothing's too serious. And, er, and also that magical sort of [8]roll, I guess I gotta say. That beautiful [9]bounce and [10]fly on the beat that, er, is very jazz-like. Um, there seemed to be the, a [11]continuity between, er . . . I mean, other people were sort of thinking rock 'n' roll is new; I knew it [12]as old as the hills, you know.

It was just being [13]presented and recorded in a different way by different guys. But, um, it was just the blues, and it's, er, given new [14]twists by every generation. Sometimes the blues is, er, incredibly, er, [15]high-profile, I mean, it, er, sometimes. And other times, you'd think it's disappeared, but inside nearly every kind of music you're ever gonna hear, there is [16]element of the blues in there. And, er, and Chuck Berry was one of the guys that, er, sort of, epitomised it all for me. And he could do it all himself — write [17]'em, sing 'em, produce 'em, you know, play 'em, and [18]get away with it, murder. Ha-ha.

Coordinated by Jordan Riefe
Narrated by Jack Merluzzi

│ 語 注 │

①y'know ★＝you know。
②look upon A as B AをBと見なす
③obviously 言うまでもなく
④debt 借り、恩義 ★発音は[dét]。
⑤epitome 要約、縮図、典型 ★発音は[ipítəmi]。下から2行目のepitomised は、「要約する、典型である」という意味の動詞epitomiseの過去形。epitomise はイギリス式のつづりで、アメリカ式では

epitomize。
⑥archetypal 原型的な、手本の、典型的な
⑦lyrics 歌詞 ★この意味では通例、複数形。
⑧roll ロール、揺さぶり、うねり ★rock 'n' rollのrollの部分、ということ。ブルースの風味が色濃く残っていた1950年代の「ロックンロール」にあって、現在「ロック」と呼ばれている音楽にない要素を指して、こう呼んでいる。

⑨bounce 跳ねるリズム
⑩fly 飛翔、飛ぶような姿勢のダンス
⑪continuity 連続性、関連
⑫as old as the hills とても古い ★「山々が大昔からずっと存在し続けている」ということから。
⑬present 提示する、演奏する
⑭twist ひねり、工夫、新しい取り組み方
⑮high-profile 注目を浴びている、目立つ

リチャーズ：奇妙だね。まあ、不思議な気分だよ。俺はいつも、自分はミュージシャンだとしか思っていないから。もちろん、映画とか、映像を作るのもすごく楽しいが。俺はいろんなことを楽しむし、本もたくさん読む。チャック・ベリーに対しては、常に、ものすごく大きな恩があるような気がしていた。彼の音楽と、俺を夢中にさせてくれたってことに対して。

　同時に、チャックは「ロックンロールはこうあるべきだ」という典型だと思った。彼は、素晴らしい曲、最高のビートを生み出した。チャックの書く歌詞は真面目一辺倒ではなく、いつも一つ二つ、ちょっとした遊びが入っているんだ。それに、言うならば、あの魔法のように魅力的なロール。あの、ビートに乗った、美しい飛び跳ねるようなリズムは、非常にジャズ的だ。（ジャズとロックンロールには）つながりがあるような気がしたんだ……ロックンロールは新しいものだと思っていた人もいるが、俺は、ものすごく古いものだとわかっていたよ。

　さまざまなミュージシャンが、それぞれの形でロックンロールを表現し、レコーディングしていた。だが、その基本にあるのはただのブルースで、それに各世代が新たなひねりを加えてきたんだ。時にはブルースがものすごく際立つときもあるし、時には消えたように感じることもあるが、聞こえてくるほぼすべての音楽の中には、ブルースの要素が入っている。チャック・ベリーは俺にとって、それを要約するような存在の一人だった。しかも彼は、すべてをたった一人でやってのけられた――曲を書き、歌い、プロデュースして、演奏も。何でもし放題だ。ハハハ。

（訳：中村有以）

---

⑯ element　★正しくは <u>an</u> element。
⑰ 'em　★＝them。
⑱ get away with it, murder　★get away with murder（悪事をしながら罰を逃れる、何でもし放題である）という表現を口にしようとしたと考えられる。

Vocabulary List

A

☐ archetypal 原型的な、手本の、典型的な

B

☐ be driven to do ～するよう駆り立てられる、～せざるを得ない

☐ be starved 飢えている、切望する、渇望する

☐ become obsessed by ～ ～に心を奪われる、～に取り付かれる

C

☐ come out 発表される、発売される、リリースされる

☐ continuity 連続性、関連

D

☐ driving force 原動力、推進力

E

☐ electrify ～に電気を通す

☐ epitome 要約、縮図、典型

F

☐ feel happy with ～ ～に満足する

☐ figure out ～ ～を理解する

G

☐ get along 仲良くやっていく

☐ get away with murder 悪事をしながら罰を逃れる、何でもし放題である

☐ get fascinated with～ ～に魅了される、～に心を奪われる

☐ go out of work 失業する

☐ gratifying 満足な、喜ばしい

H

☐ hats off to ～ ～に敬意を示すために帽子を脱ぐこと

☐ high-profile 注目を浴びている、目立つ

I

☐ integral 絶対必要な、必須の

☐ intend A to do A に～させるつもりである、A に～させようとする

L

☐ lean on ～ ～に頼る

☐ look up to A as B A を B として尊敬する、A を B としてあがめる

☐ look upon A as B A を B と見なす

☐ lyrics 歌詞 ★この意味では通例、複数形。

M

☐ murky 曖昧な、はっきりしない

O

☐ obviously 言うまでもなく

☐ owe A to B A（義務など）を B（人）に対して負っている

R

☐ reinvent ～を再発明する、～を作り変える

☐ revive ～を生き返らせる、～をよみがえらせる

S

☐ segregation 分離、隔絶、（アメリカにおける白人と黒人の）人種隔離（政策）

☐ shuffle 改変、混乱

☐ side effect 副作用、思わぬ結果

T

☐ turn ～ on ～に興味を起こさせる、～を興奮させる

☐ twist ひねり、工夫、新しい取り組み

理 解 度 チ ェ ッ ク

インタビューの内容に一致するものは □ Yes を、一致しないものは □ No をチェックしてください。

※質問の難易度の表示は、A＝易しい、B＝普通、C＝難しい、を表します

目標正答数	初級レベル▶ ☑ 3問以上	中級レベル▶ ☑ 6問以上	上級レベル▶ ☑ 8問以上

Questions　　　　　　　　　　　　　　　　　　　　　　　　　　　Yes　No

1	キース・リチャーズによると、『クロスアイド・ハート』は、彼自身が聴いてきた音楽の影響を受けている。　　　　　　　　　　（難易度 A）	□	□
2	『クロスアイド・ハート』の制作に関しては、特に決まった締め切りがなかった。　　　　　　　　　　　　　　　　　　　　　（難易度 A）	□	□
3	リチャーズとミック・ジャガーがうまくやって行くこつは、ツアー・バスから降りずに移動し続けることである。　　　　　　（難易度 A）	□	□
4	リチャーズは、ザ・ローリング・ストーンズが最盛期をとっくに過ぎたと感じている。　　　　　　　　　　　　　　　　　　（難易度 B）	□	□
5	リチャーズは、アメリカ人はかつてラジオで日常的にブルースを聴いていたと言っている。　　　　　　　　　　　　　　　　（難易度 B）	□	□
6	リチャーズは尊敬するミュージシャンたちから「アメリカにブルースを取り戻してくれてありがとう」と感謝された。　　　　（難易度 B）	□	□
7	リチャーズはギター奏法において、5弦のギターが、普通のギターとすべて同一の音を出す点に面白みを感じている。　　　　（難易度 C）	□	□
8	リチャーズにとって、チャック・ベリーの存在はロックンロールの典型からかなり外れている。　　　　　　　　　　　　　　（難易度 C）	□	□
9	リチャーズは、ロック音楽の源流は非常に古いものだと感じている。　　（難易度 A）	□	□
10	リチャーズは、ほぼすべての音楽がブルースの要素を内包すると考えている。　　　　　　　　　　　　　　　　　　　　　　（難易度 B）	□	□

答え：Q1. Yes／Q2. Yes／Q3. No／Q4. No／Q5. No／Q6. Yes／Q7. No／Q8. No／Q9. Yes／Q10. Yes

Noel
Gallagher

ノエル・ギャラガー■1967年5月29日、イギリス、マンチェスター生まれ。少年時代に独学でギターを習得、曲作りを始める。91年に加入したオアシスではほとんどの楽曲を手掛ける中心人物となり、世界的な人気バンドに成長させる。2009年にオアシスを脱退。現在、ノエル・ギャラガーズ・ハイ・フライング・バーズを率いて活動。

TRACK **06**

■収録日：2017年11月15日　■収録地：ミラノ（イタリア）

スピード　普通
語彙　普通
発音　所々に訛りがある

"I wanna hear beauty and truth in music."

「俺が音楽で聞きたいのは美と真実だよ」

「歓喜と自由を奏で続けるロックンローラー」

Naoki Ogawa's **Comment**

北イングランド訛りはかなり抑えられている。can't（p. 60、3行目）の発音がそれを物語っている。英国英語らしい「カーント」だ。北の訛りなら「キャント」に近い（Interview 3 でのリアムの cars の発音もこれ）。ただ北の訛りが表れている箇所もある。p. 44、3行目の fucking の母音が「オ」に近いのが、それだ（他の fucking はそうでもない）。彼には非常に身近な単語だけに、地が出やすいのだろう。また他の UK アーティストたちと同様、語中・語末の [t] は聞こえなくなる。これは大衆的な英国発音の特徴だ。とりわけ p. 42最終段落3行目の sit at と5行目の quite a は要注意。母音が後続するのに [t] が聞こえないのだ。元の発音が想像できない。ちなみに、studio（p. 40、4行目、7行目）、inducing（p. 44、3行目）の下線部が「チュ」「ヂュ」となっている。これも大衆的な英国発音の例。なお Oasis の発音は [əʊéɪsɪs]。日本語の発音とはかなり違う。

写真：Photoshot/ アフロ

Getting It Right

Interviewer: Working with producer ❶David Holmes, did you know what you were ①getting yourself into?

Noel Gallagher: No. Because, usually, I would have the songs already written, and I would go into the studio, and we'd ②aim for a thing and we'd go there. And you'd know when you were getting closer and you'd know when you were getting further away. But with ❷this, he ③insisted that I write the songs in the studio.

Interviewer: Right there ④on the spot?

Gallagher: No, well it's not like, "Right, write me a song!" It was, kind of, we were listening to records and him saying, "What do you think of this ⑤avant-garde German ⑥techno ⑦fucking thing from 1979?" And I'd say, "Yeah, it's great." And it would be ⑧genuinely great, and he'd say, "We should do a ⑨track like this." And then, we'd take our ⑩inspiration from that, and then I would ⑪play along, and ki—and then we would, I would play.

| 語 注 |

①get oneself into ~ ~に陥る、~なことになる
②aim for ~ ~を目指す
③insist that . . . ……ということを要求する
④on the spot その場で、即座に
⑤avant-garde アバンギャルドな、前衛的な
⑥techno テクノ ★電子楽器を使っ

て作られる音楽。
⑦fucking ヤバい、すごい ★言葉の意味を強めるため差し挟まれるが、卑語なので使わない方がいい。
⑧genuinely 純粋に、まったく
⑨track （アルバムに収録する）曲
⑩inspiration ひらめき、着想
⑪play along （調子を合わせて）弾く

手探りのアルバム制作

インタビュアー：プロデューサーのデヴィッド・ホルムスと（アルバム制作）作業をして、どんな風になるかはわかっていましたか？

ノエル・ギャラガー：いや。というのも普段なら、もう曲は書いておいてからスタジオ入りするし、目指すものがあってそこに向かっていくんだ。だから、近づいていればわかるし、離れかけてるときもわかる。でも今回は、スタジオで作曲するよう彼に強く頼まれたんだ。

インタビュアー：その場で、即興で？

ギャラガー：いや、「さあ、曲を書いてくれ！」とかいうんじゃなくて。あれは、そうだな、レコードを聞いて彼が言うんだ、「この1979年のアバンギャルドなドイツのテクノのヤバい曲ときたら、どう思う？」とね。で、俺は「ああ、すごいね」と答える。それが本当にすごいわけだけど、そこで彼が「こういう曲を作らないと」と言うんだ。そうして、そこからインスピレーションをもらって俺が演奏してみる――2人で弾いたり、自分だけで弾いたり。

| 用 語 解 説 |

❶David Holmes　デヴィッド・ホルムス　★(1969-)。北アイルランド出身のテクノ・ミュージシャン。ギャラガーのアルバム『フー・ビルト・ザ・ムーン？』のプロデュースを行った。
❷this　★2017年にリリースされたアルバム『フー・ビルト・ザ・ムーン？』を指す。

And every time I was getting to sound like **❶**Oasis, he'd stop me and say, "No, no, no, no, no. That ①sounds like Oasis now. Do something else." And then, there would be a moment of inspiration that I would play, and we'd ②jump on that and say, "Right, this is gonna be the song." And then, we'd ③take it from there.

TRACK 08

The ④Demise of Rock 'n' Roll

Interviewer: As a rock record, ⑤it's very reminiscent of some stuff from the past. Also, there's a big ⑥reference to **❷**the Manchester sound.

Gallagher: Yeah, I didn't ⑦realise that until people started saying it, and I was like, "⑧Meh, yeah, ⑨I get it." There was no big ⑩master plan, but I, having, when it's finished and you t—kind of ⑪take a step back, and you sit at home and you listen to it, there's just an ⑫overriding feeling of joy and ⑬optimism — which is quite a ⑭revolutionary thing to do these days in rock music, rock 'n' roll, whatever you wanna call it.

| 語 注 |

①sound like ~　~のように聞こえる
②jump on ~　~に飛び付く
③take it from there　そこから改めて始める
④demise　死去、消滅、終焉
⑤be reminiscent of ~　~を思い起こさせる、~をほうふつとさせる
⑥reference to ~　~への言及、~を引き合いに出すこと

⑦realise　~を実感する ★イギリス式つづり。アメリカ式ではrealize。
⑧meh　うーん、はあ ★興味や熱意のなさを表す。
⑨I get it.　わかった。なるほど。
⑩master plan　基本計画
⑪take a step back　一歩下がる、少し離れた立場から見る
⑫overriding　何にも勝る、最優先の
⑬optimism　楽観（主義）
⑭revolutionary　革命的な

　それで、オアシスみたいなサウンドになりかかるたびに、彼は俺を止めて「いやいやいや、だめだめ。今のはオアシスみたいだ。違うことをしてくれ」と言うんだ。その後、演奏のインスピレーションが降りてくる瞬間があると、それに飛び付いて、「よし、これは曲になりそうだ」となる。で、そこから再開するんだ。

ロックンロールの終焉

インタビュアー：ロックアルバムとしては、過去の音楽のような雰囲気をかなり漂わせています。そして、マンチェスター・サウンドに大きく回帰していますね。

ギャラガー：うん、周りがそう言い始めるまで自分では気付いてなかったから、「んー、そうか、言われてみれば」という感じだった。大きな基本方針があったわけじゃないが、出来上がってから一歩引いて、家でくつろぎながら耳を傾けてみると、何よりも歓喜と楽観があふれ出す感じがある——これは革命的なことだよ、最近のロック・ミュージックでは。ロック・ミュージックでも、ロックンロールでも、呼び方は好きにすればいいけど。

| 用 語 解 説 |

❶Oasis　オアシス　★ノエルとリアム(p. 59、❶参照)のギャラガー兄弟を中心に、1990年代から2000年代にかけて活動したイギリスの大人気ロックバンド。2009年解散。
❷the Manchester sound　★1980年代後半から90年代初めにかけてイギリスの都市マンチェスターから発信された独特な音楽ジャンル。Madchester(マッドチェスター)とも呼ばれる。マンチェスターはギャラガーの生まれ育った街でもある。

'Cause it's very easy now to pick up a guitar and just sing what's on the news, because, as rock ①critics think that that's what we wanna hear. Like, ②thoughtful, ③thought-inducing music. Well, I say that's fucking boring. I can watch the—if I wanna know ④what's going on in the world, I can watch the news. I wanna hear beauty and truth in music. I don't wanna see the news. The news is boring.

Rock has killed rock 'n' roll. Rock 'n' roll used to be about the clothes, and the ⑤swagger, and the sex, and the girls, and the sunshine, ⑥and, and all that. Now it's about fucking "⑦Ah"! You know, like, "⑧Whoa!" There is no rock 'n' roll anymore.

|語 注|

①critic　批評家、評論家
②thoughtful　思慮深い
③-inducing　～を誘発するような、～を引き起こすような　★thoughtとの組み合わせでは、thought-provoking（考えさせられる、示唆に富む）という表現の方が一般的。
④be going on　起こっている、進行している

⑤swagger　自信たっぷりな様子　★身なりや服装、歩き方といったことを含めての「スタイル」を指す。
⑥~ and all that　～などなど、～とかそういうもの
⑦ah　ああ、うわ　★驚き、怒りなどの発声。
⑧whoa　★「待て！」という制止や、「うわあ」という驚きなどを表して使われる。ここではahもwhoaも、ニュースが報じる社会問題への反応（を歌にし

ていること）を表していると思われる。

　っていうのも、今どきは、いとも簡単にギターを手に取ってニュースに流れていることをそのまま歌うけど、聞き手がそれを求めているとロック評論家が思ってるからさ。ほら、思慮に富んだ、考えさせられる音楽ってやつ。まあ、俺に言わせりゃ、とてつもなく退屈だけど。見りゃいい――世の中で起こっていることが知りたいなら、ニュースを見りゃいいんだ。俺が音楽で聞きたいのは美と真実だよ。ニュースなんて見たくない。ニュースなんて退屈だ。

　ロックがロックンロールを殺したんだ。ロックンロールは、服とか粋なスタイルとかセックスとか女の子とか太陽とかそういったものを歌うものだったんだ。今じゃそれが、「アー」とがなり立てるだけさ！　わかるだろ、「おいおい！」ってね。ロックンロールなんてもうないんだ。

Freedom of Expression

Gallagher: But ①then again, I think this album is my ②most rock 'n' roll album, because I go round the world, and I do interviews all over the place, and people have this ③perception of rock 'n' roll being those guys in the black leather jackets and the shouting and all that. To me, that's not rock 'n' roll. Rock 'n' roll means freedom. It's ④freedom of thought, freedom of expression.

I think when ❶the girl in rehearsals that day ⑤pulled out the pair of scissors, I genuinely thought it's the most ⑥punk rock thing I've ever seen in my fucking life. And I was, like, it fucking ⑦blew my mind, and it's not a, ha, and it was, it's not a joke. She plays scissors in a band!

Interviewer: I saw a picture of that performance. How ⑧on earth did you find a woman who plays the scissors?

語 注

① then again　その反面、その一方で
② most rock 'n' roll　最もロックンロール的な　★ここでは、rock 'n' roll を形容詞的に使っている。
③ perception　認識、見方
④ freedom of thought　思想の自由
⑤ pull out ~　～を取り出す
⑥ punk rock　パンクロック　★体制に反発するような過激なスタイルのロック。
⑦ blow one's mind　～の頭を吹き飛ばすような衝撃を与える、～をひどく驚かす
⑧ on earth　一体全体　★疑問詞を強調する。

表現の自由こそロックンロール

ギャラガー：とはいえ、今度のアルバムは自分の中で最高にロックンロールしてるアルバムだと思うよ。何しろ俺は世界中を巡ってあらゆる場所でインタビューを受けてるんだけど、みんな、黒い革ジャンを着た男たちとかシャウトすることとか、そんなようなロックンロールのイメージを持ってるんだ。俺にとって、そんなのはロックンロールじゃない。ロックンロールっていうのは「自由」のことだ。思想の自由、表現の自由だ。

　あの日のリハーサルにいたあの若い女の子がハサミを取り出したときには、生まれてこのかた見た中で最高にパンクロックな代物と心から思ったね。あれには、もう、びっくり仰天だったよ、しかも、ハハ、あれは笑いを取るためのものじゃないんだ。彼女はバンドでハサミを演奏するんだから！

インタビュアー：その演奏写真を見ましたよ。ハサミを演奏する女性なんて、一体どうやって見つけ出したんですか？

| 用 語 解 説 |

❶the girl　★バンドメンバーでフランス人のシャルロット・マリオンヌを指す。

Gallagher: Well, she is doing ①backing vocals in the band, and I said to her, "Can you play ②tambourine or something?" And she said, in that ③dismissive way that French women do, they just say, "I cannot play the tambourine." And I'm, like, "Well can you do something?" And she said, "I can play the scissors." And I was, like, "The what?" She said, "The scissors," in that kind of ④stern way — "The scissors." So we got, and she told me she played scissors in a band. So, we ⑤got on YouTube, and she said, "Like this." And I said, "Can you bring them to rehearsals tomorrow?" She said yes. She brought them, and I was, like, "She's wearing a ⑥cape, playing scissors. It's fucking ⑦out there, ⑧man! It's fucking rock 'n' roll. I love it!"

| 語 注 |

①backing vocal バックボーカル、バックコーラス
②tambourine タンバリン ★発音は [tǽmbəriːn]。
③dismissive 否定的な、素っ気ない
④stern いかめしい、断固とした
⑤get on ~ ～（インターネットなど）に接続する
⑥cape ケープ、短いマント
⑦out there 並外れた、常軌を逸した
⑧man やれやれ、まったく ★驚きなどを表す間投詞。

ギャラガー:まあ、彼女はバンドのバックボーカルをやってるんだけど、俺が「タンバリンか何かできるかい?」って聞いてみたんだ。そしたら彼女、フランス女性特有の例の素っ気なさで、「タンバリンはできません」とだけ言うんだ。で、俺は、「じゃ、何かできる?」って言う。すると彼女、「ハサミなら演奏できます」って言ったんだ。で、俺は、「何なら、だって?」となった。彼女は「ハサミなら」って答えたよ、例の断固とした感じでね——「ハサミなら」って。そんな感じで、バンドでハサミを演奏してるって教えてくれたんだ。それでYouTubeにアクセスしてみて、彼女が「こんな感じ」って言って。だから俺は「明日のリハーサルにこれを持ってきてくれるか?」って言ったんだ。承諾してくれたよ。持ってきてくれたんだ、で、俺はもう、「彼女、ケープを着てハサミを演奏してる。ぶっ飛んでるぞ、これは! とんでもなくロックンロールだよ。最高だね!」って感じで。

Musical Heroes

TRACK **10**

Interviewer: Were ❶Paul Weller and ❷Johnny Marr the ①obvious choices to join you in the studio?

Gallagher: Well, Johnny was there ②through necessity, because I'd ③hit a wall with that song and there was a ④bit, the bit that he plays and the harmonica bit. The bit that he plays, I was trying to put something in there, and it needed something ⑤incredible because the song is so good, and I called Johnny, and he ⑥happened to have a bit of ⑦time off, and he said, "Yeah." In the case of Paul Weller, I played him ❸"Holy Mountain," and he said, "I wanna play on this song." He said, "This is fucking amazing. I want to play on it." And I said, "We've almost finished it." He said, "I don't care. I wanna play on it." And he kind of ⑧elbowed his way into the ⑨session — "Fucking get me on that track." And it's, is, er, I knew it was good then, you know what I mean?

| 語 注 |

① obvious　明白な、当然の
② through necessity　必要に駆られて
③ hit a wall　壁にぶち当たる、行き詰まる
④ bit　部分　★3行下の a bit of ~ は「少しの~」の意。
⑤ incredible　信じられないほど素晴らしい、途方もない

⑥ happen to do　たまたま~する
⑦ time off　休み、空き時間
⑧ elbow one's way into ~　肘で押し分けて~に入る、無理やり~に入り込む
⑨ session　演奏、セッション

音楽のヒーローたち

インタビュアー：ポール・ウェラーとジョニー・マーにスタジオ収録に参加してもらったのは当然の選択でしたか？

ギャラガー：まあ、ジョニーは必要に迫られて来てもらった、というのもあの曲では行き詰まってたから、彼に（ギターを）演奏してもらう部分と、ハーモニカの部分を入れたんだ。彼が演奏する部分は、あそこには何か入れようとしてたんだけど、曲がすごくいいから飛び抜けたものでないといけなかった。そこでジョニーに電話したら、たまたま彼の時間がちょっと空いてたんで、「よし」ってなったんだ。ポール・ウェラーについては、「ホーリー・マウンテン」っていう曲を聞かせたら、彼が「この曲で演奏がしたい」って言いだして。「これはとんでもなくいい曲だ。俺も演奏がしたい」って言うんだ。だから俺は「もうほとんど仕上がってるんだよ」と言ったんだけど。彼は「知るか。俺も演奏したいんだ」って。そんな感じでセッションに半ば強引に入ってきたんだ——「いいからその曲に俺も入れろ」って。それが、まあ、いい演奏になるのはわかってたけどね、だろ？

| 用語解説 |

❶Paul Weller　ポール・ウェラー　★(1958-)。ザ・ジャムやスタイル・カウンシルといったバンドを経てソロ活動を続けている、イギリスのミュージシャン。本アルバム収録曲「ホーリー・マウンテン」にオルガンで参加している。

❷Johnny Marr　ジョニー・マー　★(1963-)。ザ・スミス(p. 55、❹参照)などを経てソロ活動を続けている、イギリスのギタリスト。本アルバム収録曲「イフ・ラヴ・イズ・ザ・ロー」にギターとハーモニカで参加している。

❸"Holy Mountain"　「ホーリー・マウンテン」　★『フー・ビルト・ザ・ムーン？』の収録曲。

Interviewer: We talked about rock music having changed quite a bit. Does that ①go for rock stars as well?

Gallagher: There's no rock stars left.

Interviewer: Why do you think that is? Where have all the ❶Keith Richards types gone?

Gallagher: There's no *English* rock stars left. There's famous guys in bands, but the only English rock stars left, you look at them, and you think, "Yeah, I get it." The rock stars we ②grew up, it's like, you just think, "Wow, ③what the fuck is that?" ❷David Bowie, Keith Richards, fucking ❸John Lydon — you can't be like those guys.

| 語　注 |

①go for ~　～に当てはまる
②grow up　育つ
③What the fuck is that?　あれは一体何だ？　★the fuck が what を強調しているが、卑語なので使わない方がいい。

インタビュアー： ロック・ミュージックがずいぶん変わってしまったという話がありましたが。ロックスターについても当てはまりますか？

ギャラガー： ロックスターなんてもう残ってないよ。

インタビュアー： そう思うのはどうしてですか？ キース・リチャーズみたいなタイプはみんなどこに行ってしまったんでしょう？

ギャラガー：「イギリス」のロックスターはもう残ってない。バンドに所属する有名人はいるけど……わずかに残されたイギリスのロックスターは、ぱっと見て「ああ、なるほどね」と思う程度だ。俺たちが育った頃のロックスターってのは、「すげえ、なんだこりゃ？」としか思えないような、デヴィッド・ボウイとか、キース・リチャーズとか、とんでもないジョン・ライドンとか——ああいう連中みたいには、とてもなれないね。

| 用語解説 |

❶Keith Richards　キース・リチャーズ　★Interview 1 参照。
❷David Bowie　デヴィッド・ボウイ ★(1947-2016)。イギリスのミュージシャン、俳優。1970年代に華麗で倒錯的なグラムロックで台頭してから、生涯を通じさまざまなジャンルで活躍した。
❸John Lydon　ジョン・ライドン ★(1956-)。イギリスのミュージシャン。

Johnny Rotten（ジョニー・ロットン＝腐れのジョニー）の異名を持ち、パンクバンドのセックス・ピストルズのリードボーカルを務めた。

Interviewer: So, there's no one to ①look up to these days?

Gallagher: Only the ones you've always looked up to: ❶Morrissey, Weller, Johnny, ❷McCartney . . . ❸U2. All the same guys I've always looked up to, do you know what I mean? The same guys that I've always thought . . . I ②learnt from them in the beginning, and my respect for them ③at the back end has only grown, you know what I mean? So there's nobody new.

Interviewer: You were ④out there when ❹The Smiths started, weren't you?

Gallagher: I was there from the beginning, yeah. 1983, 1982? Yeah, I'd just ⑤left school. They were amazing, and their records still ⑥stand up. I was listening to ❺"This Charming Man" this morning. And fucking what a ⑦tune that is! Incredible.

| 語 注 |

① look up to ~ ~を尊敬する、~に憧れる
② learnt ★learnの過去形のイギリス式つづり。アメリカ式ではlearned。
③ at the back end 最後には、終わりの方では
④ out there 外にいて、向こう側にいて ★ここでは、「地元(マンチェスター)にいて」という意味。

⑤ left school ★ギャラガーは15歳で学校を退学している。
⑥ stand up 有効である、力を持つ
⑦ tune 曲、旋律

インタビュアー：つまり、近頃では憧れの存在はいないと？

ギャラガー：昔から憧れの存在だった人たちだけだよ。モリッシー、ウェラー、ジョニー、マッカートニーに……U2。ずっと憧れていた同じ連中だよ、わかるだろ？　同じ連中だよ、ずっと思って……最初は彼らから学ばせてもらった、そして最終的に彼らへの尊敬は大きくなるばかりだ、わかるだろ？　で、新しい人はいないってわけさ。

インタビュアー：ザ・スミスが結成されたときには地元でもう聞いていたんですよね？

ギャラガー：最初から聞いてたよ、うん。1983年か1982年？　そう、俺はちょうど学校を辞めたばかりだった。彼らは素晴らしかったし、彼らの楽曲はいつまでも色あせない。今朝も「ディス・チャーミング・マン」を聞いてきたとこさ。本当にあの曲ときたら！　信じられないくらいだよ。

|用語解説|

❶Morrissey　モリッシー　★(1959-)。マンチェスター出身のミュージシャン、詩人。
❷(Paul) McCartney　（ポール・）マッカートニー　★Interview 6 参照。
❸U2　★アイルランド出身のロックバンド。
❹The Smiths　ザ・スミス　★イギリスで絶大な人気を誇ったロックバン

ド。1982年にモリッシー（❶参照）とジョニー・マー（p.51、❷参照）らによって結成された。1987年に解散。
❺"This Charming Man"　「ディス・チャーミング・マン」　★1983年のザ・スミスのシングル曲。

Keep On Going

Interviewer: I wasn't aware that you actually have ❶Chris and ❷Gem back in ❸the band again.

Gallagher: Yeah. Since they left, since ❹Beady Eye ①split, and then my tour finished. And I called them and said, "What are you doing?" And they said, "Nothing." And I said, "Do you wanna be in the ❺High Flying Birds?" And they said, "Yes, please." And I called the two guys whose place they took, and I said, "It's ②the end of the road for you, I'm afraid." And, er, they were OK — everyone ③was cool with it. Like, Gem's one of my oldest friends, and Chris is, he's a great drummer, and ④that was it. It was two one-minute phone calls, that was it.

| 語 注 |

①split 分裂する、解散する ★過去・
過去分詞も同形。ここでは過去形。
②the end of the road 行き詰まり、
最期
③be cool with ~ ～で問題ない、～
でOKだ
④That is it. それで終わりだ。それだ
けだ。 ★ここでは過去のことなので
was を使っている。

これからも進んでいく

インタビュアー：クリスとゲムを本当にバンドに呼び戻していたとは知りませんでした。

ギャラガー：うん。ビーディ・アイが解散して、俺のツアーも終わってからね。あいつらに電話して「今何してる？」って聞いたら「何も」って言うから。俺は「ハイ・フライング・バーズに入りたいか？」って言ったんだ。そしたら「うん、頼むよ」って。だから俺はこいつらのポジションにいた2人に電話して、「君らはここまでってことになるよ、悪いけど」って話したんだ。それで、まあ、わかってくれたよ——この件はみんな了解してくれた。まあ、ゲムは俺の古い友人の一人だし、クリスは、あいつはすごくいいドラマーだから、それで決まりだった。1分間の電話が2本。それで済んだ。それだけだったよ。

| 用語解説 |

❶Chris (Sharrock)　クリス（・シャーロック）　★(1964-)。オアシス（p. 43、❶参照)の元ドラマー。
❷Gem (Archer)　ゲム（・アーチャー）　★(1966-)。オアシスの元ギタリスト。
❸the band　★(Noel Gallagher's) High Flying Birds（❺参照)を指す。
❹Beady Eye　ビーディ・アイ　★2009年にオアシスからノエルが脱退し

た後、残ったメンバーで活動を再開した際のバンド名。2014年に解散。
❺High Flying Birds　（ノエル・ギャラガーズ・）ハイ・フライング・バーズ　★Noel Gallagher's High Flying Birdsのこと。2011年から活動しているギャラガーのソロ・プロジェクト。

For ①as much as ❶Liam's fucking ②ongoing nonsense about ❷the night in Paris, those two were in the ③dressing room that night, and they're now in my band. So, I don't know what that says. But it must say—maybe that's what he's angry about.

Interviewer: I think he mentioned that as well, that you're stealing the band. It was ④entertaining. I ⑤laughed hard.

Gallagher: Yeah. Good. I think that's the best way to ⑥deal with it.

Interviewer: I remember you saying in 2009 that you did not ⑦intend on touring for more than 10 years. That would mean stopping right after ❸this world tour . . .

Gallagher: Was I in Oasis when I said that? My whole ⑧outlook has changed ⑨somewhat since then.

Interviewer: So, you're going to do this till you're 70?

| 語 注 |

①as much as . . . ……ではあるが
★本来は後ろに節をとるが、ここでは
感情が高ぶって少し混乱し、名詞を続
けていると思われる。
②ongoing 進行中の、現在も継続し
ている
③dressing room 楽屋
④entertaining 面白い、愉快な
⑤laugh hard 大笑いする

⑥deal with ~ ～に対処する、～を取
り扱う
⑦intend on touring ★intend to
tourの方が一般的。tourは「ツアー公演
をする」の意。
⑧outlook 見通し、展望
⑨somewhat 幾分、多少

　リアムはパリのあの晩について相変わらずおかしなたわ言を言ってるけど、まあ、あの2人（クリスとゲム）もあの晩、楽屋にいて、それが今、俺のバンドにいるわけだ。だからさ、それが何を意味してるかは知らないよ。でもきっと——たぶん、それでリアムが腹を立ててるんだろうな。

インタビュアー：彼もその話はしてたと思いますよ、あなたがバンドを盗んでいるって。ウケましたね。大笑いしました。

ギャラガー：うん。いいね。この件はそんなふうに対応する（笑い飛ばす）のがいちばんいいと思う。

インタビュアー：あなたは2009年に、10年以上ツアーを続ける気はないと言っていた記憶があります。そうなると、このワールドツアーが終わったらすぐやめることになりますが……。

ギャラガー：それを言ったのって、オアシスにいたときだったかな？　あれ以降、俺の将来の見通し全体がちょっと変わったんだ。

インタビュアー：では、70歳になるまで続けますか？

|用 語 解 説 |

❶Liam（Gallagher）　リアム（・ギャラガー）　★（1972- ）。ノエルの弟で、オアシスやビーディ・アイでリードボーカルを務めていた。ノエルとの兄弟仲が悪いことで有名。Interview 3 参照。❷the night in Paris　★オアシスが出演を予定していた2009年パリの音楽フェスでの一夜。楽屋でひどい兄弟げんかが勃発。リアムに本番用のギターを

壊されたノエルがその場を去ってオアシスを脱退し、そのまま解散へと至った事件を指す。❸this world tour　★『フー・ビルト・ザ・ムーン？』の発売に合わせて2018年にスタートしたワールド・ツアー。

Gallagher: I think, even as I sit here today, I think I've got another three records left into me, so that's, that's 15 years, so . . . ①As long as I can stand up and sing, I'm good. Even if I can't sing, I'll get someone else to fucking sing for me, you know.

Interviewer: Some people do that these days.

Gallagher: ②Absolutely, yeah, I . . . Er, as long as I can still write, I'll ③be obliged to sing. So, I've got no plans of ④bowing out ⑤just yet. I think, I think there's so much more to do, which is what the . . . The most ⑥inspiring thing about this record is it's kind of like the . . . ⑦Where a few years ago, you were thinking, "Yeah, I can see where it's going." But now you're looking that way, you just ⑧go, "Well, wow, the possibilities now are fucking ⑨endless, really. Endless." So, we'll ⑩take a view on it when we get to the end of the tour — which we're not even at the beginning of yet, so ⑪who knows?

© Peter Reynolds / The Interview People
Narrated by Peter von Gomm

| 語 注 |

⑥inspiring 元気づける、やる気を出させる

①as long as . . . ……である限り
②absolutely (返答として)そうだとも、まったくそのとおり
③be obliged to do ～する義務がある
④bow out お辞儀をして退場する、身を引く
⑤just yet (否定語とともに)すぐには～しない

⑦Where a few years ago . . . ★= Where you were thinking a few years ago . . .の語順が入れ換わっている。
⑧go 言う
⑨endless 終わりのない、永遠の
⑩take a view on ～ ～を眺める、～に関する見解を得る
⑪Who knows? (先のことは)誰にもわからない。何が起こるかわかりはしない。

ギャラガー：思うんだ、今日こうして座っていても、あとアルバム3枚は自分の中に残っているように思う、ということは、15年として……。立って歌える限り、俺はいけるよ。たとえ歌えなくなっても、俺の代わりにちゃんと歌ってくれるほかの誰かを見つけるさ。

インタビュアー：最近はそうする人もいますね。

ギャラガー：そうとも、うん、俺は……曲が書けるうちは、俺には歌う義務がある。だから今のところ引退の予定はまったくないよ。まだやることはたくさんあると思うし……。今度のアルバムでいちばん気分が高まったことは、なんというか……。数年前は思ってた、「うん、この先どうなるかもう見えるよ」と。だけど今、同じように（先を）見ようとすると、「どれどれ、すごいな、可能性はまったく果てしないぞ、本当に。終わりが見えない」と言うしかない。だから、ツアーが無事に終わったらそこで考えるけど——そのツアー自体、まだ始まってもいないから、先のことなんてわからないよ。

（訳：挙市玲子）

Vocabulary List

A

☐ aim for ~　～を目指す

☐ ~ and all that　～などなど、～とかそういうもの

☐ at the back end　最後には、終わりの方では

B

☐ be cool with ~　～で問題ない　～で OK だ

☐ be obliged to do　～する義務がある

☐ be reminiscent of ~　～を思い起こさせる、～をほうふつとさせる

☐ blow one's mind　～の頭を吹き飛ばすような衝撃を与える、～をひどく驚かす

☐ bow out　お辞儀をして退場する、身を引く

D

☐ deal with ~　～に対処する、～を取り扱う

☐ demise　死去、消滅、終焉

☐ dismissive　否定的な、素っ気ない

E

☐ elbow one's way into ~　肘で押し分けて～に入る、無理やり～に入り込む

G

☐ genuinely　純粋に、まったく

☐ get oneself into ~　～に陥る、～なことになる

H

☐ happen to do　たまたま～する

I

☐ I get it.　わかった。なるほど。

☐ insist that . . .　……ということを要求する

M

☐ master plan　基本計画

O

☐ on the spot　その場で、即座に

☐ outlook　見通し、展望

☐ overriding　何にも勝る、最優先の

P

☐ perception　認識、見方

☐ play along　（調子を合わせて）弾く

R

☐ reference to ~　～への言及、～を引き合いに出すこと

S

☐ stand up　有効である、力を持つ

☐ stern　いかめしい、断固とした

☐ swagger　自信たっぷりな様子　★身なりや服装、歩き方といったことを含めての「スタイル」を指す。

T

☐ take a step back　一歩下がる、少し離れた立場から見る

☐ take a view on ~　～を眺める、～に関する見解を得る

☐ That is it.　それで終わりだ。それだけだ。

☐ the end of the road　行き詰まり、最期

☐ then again　その反面、その一方で

☐ through necessity　必要に駆られて

☐ time off　休み、空き時間

理 解 度 チ ェ ッ ク

インタビューの内容に一致するものは ☐ Yes を、一致しないものは ☐ No をチェックしてください。

※質問の難易度の表示は、A＝易しい、B＝普通、C＝難しい、を表します

目標正答数	初級レベル▶ ☑ 3問以上	中級レベル▶ ☑ 6問以上	上級レベル▶ ☑ 8問以上

Questions　　　　　　　　　　　　　　　　　　　　　　　　　　　　　　　Yes　No

1 ノエル・ギャラガーはデヴィッド・ホルムスとのアルバム制作中、スタジオ内でインスピレーションを得た。　　　　　　　（難易度 A）　☐　☐

2 ギャラガーは出来上がったアルバムを聴いて、悲壮な雰囲気を感じたと言っている。　　　　　　　（難易度 A）　☐　☐

3 ギャラガーによると、昨今のロック評論家は「思慮に富んだ」音楽にニーズを見出している。　　　　　　　（難易度 B）　☐　☐

4 ギャラガーにとってロックンロールとは、思想や表現の自由を意味する。　　　　　　　（難易度 A）　☐　☐

5 ギャラガーはハサミを使ったパフォーマンスを初めて見たときに、退屈だと感じた。　　　　　　　（難易度 A）　☐　☐

6 ギャラガーは、デヴィッド・ボウイやキース・リチャーズはロックスターらしくないと語っている。　　　　　　　（難易度 C）　☐　☐

7 ギャラガーは長年、同じミュージシャンたちに憧れて、また尊敬してきた。　　　　　　　（難易度 C）　☐　☐

8 ギャラガーは、クリスとゲムを自分のバンドに加えるために、電話で長時間説得した。　　　　　　　（難易度 B）　☐　☐

9 ギャラガーはアルバムをあと3枚出して引退したいと述べている。　　　　　　　（難易度 A）　☐　☐

10 ギャラガーは最新アルバムをリリースした時点で、将来に関して無限の可能性を感じている。　　　　　　　（難易度 C）　☐　☐

答え：Q1. Yes／Q2. No／Q3. Yes／Q4. Yes／Q5. No／Q6. No／Q7. Yes／Q8. No／Q9. No／Q10. Yes

Liam Gallagher

リアム・ギャラガー■1972年9月21日、イギリス、マンチェスター生まれ。ノエル・ギャラガーの弟。91年にオアシスを結成し、リードボーカルを務める。ノエル脱退後は、残ったメンバーでビーディ・アイとして活動。その後ソロ活動を開始した。ノエルとは仲が悪いことで有名である。2020年9月、ドキュメンタリー映画『リアム・ギャラガー：アズ・イット・ワズ』が公開。

TRACK **12**

■収録日：2019年5月7日　■収録地：ベルリン（ドイツ）

スピード	速い
語　彙	普通
発　音	マンチェスター訛りが強い

「愛と幸せを高らかに歌うザ・フロントマン」

"Rock 'n' roll is alive and well. 'Cause I'm proving that."

「ロックンロールは健在だよ。俺がそれを証明してるだろ」

Naoki Ogawa's **Comment**

本書最大の難関だ。録音の音質があまりよくないのに加え、つぶやくような声であるのに、マンチェスター訛りも濃く現れているからだ。love（p. 70、1行目）の母音が「オ」に近いこと、cars（p. 70、本文下から2行目）が「キャーズ」のようになっているところは、その典型。また語中・語末の [t] も聞こえなくなる（これは英国全体で聞かれる大衆的な発音）。songwriter（p. 72、7行目、11行目）はわかりやすい例だ。さらに、全体的に英語の響き（イントネーション、あるいはメロディと言ってもいい）が標準的な英国英語とは違っている。標準的な英国英語は、出だしが高めで、最後にはっきり下がる。このパターンが文の区切りを示す。しかし英国北側の訛りはそうならない。むしろ最後が上がる。p. 66の最後の2段落（And, er, . . . I'm happy.）は下がりきらない。だからこそ、英語とは違う外国語のような響きに聞こえる。

TRACK 13 ^①# In Rude Health

Interviewer: How are you truly feeling, Liam? Strong and healthy?

Liam Gallagher: Yeah, I do, ②man, actually, yeah, ③without a doubt. I feel ④mentally ⑤on it and mentally satisfied as well. I don't think I'm looking for s—things.

⑥Whereas years ago, you'd be ⑦going, "What, ⑧what's going on?" In my head, I'm kind of all right with ⑨the wonders of life. I'm not sort of ⑩sitting around going, "⑪Fucking hell, what's going on here?" You know what I mean? Like, I kind of, ⑫it is what it is.

⑬Not that I've stopped dreaming or anything like that or stopped believing in wonderful, magical things. But I'm kind of just, I'm just all right ⑭for a bit.

And, er, ⑮physically, I feel all right. I ⑯could do with losing a few more ⑰pounds ⑱and that but that's life. I like to, I'm not a calorie counter. You know what I mean? I like to eat food and drink alcohol. I'm not one of ⑲them people that are sitting there, like some rock stars, "How many calories are in that?" 'Cause they've gotta ⑳get in their skinny jeans . . . to look like the ●Ramones and that. That's not for me.

For 46, yeah, I feel good, man. Mentally I feel good, I ㉑feel like I've got a bit of ㉒chat, all's good — I'm happy.

| 語 注 |

①in rude health とても健康で ★ rudeには「失礼な」という意味もあるが、この場合は「頑健な」という意味。
②man ほら、なあ ★間投詞。
③without a doubt 疑いようもなく、紛れもなく
④mentally 精神的に
⑤on it 好調で
⑥whereas その一方で、それに対して
⑦go 〜と言う
⑧What's going on? どうなってるんだ？ ★状況が理解できない、納得できないといった際に使われる。
⑨the wonders of life 人生の驚異
⑩sit around 座って無駄に過ごす
⑪fucking hell ちくしょう、くそっ ★ののしり言葉。fuckingは後に続く言葉を強めるが、卑語なので使わない方がいい。

⑫It is what it is. それがあるがままの姿だ。それが現実だ。
⑬not that . . . ……というわけではない
⑭for a bit 少しの間
⑮physically 身体的に
⑯could do with 〜 〜があるといい、〜が必要だ
⑰pound ポンド ★重量単位。1ポンドは 約454 グラム。lose a few pounds は「体重を数ポンド落とす」の

文句なしに元気

インタビュアー：正直なところ気分はどうですか？　丈夫で健康的？

リアム・ギャラガー：ああ、そうだよ、本当に、うん、間違いなく。精神的にも調子がいいし、精神面で満足もしてる。何か（足りないもの）を探してる感じはないね。

　何年か前は「どうなってるんだ？」って言ってばかりだったけどね。（今の）頭の中は、人生の驚異をちゃんと受け止めてる。「こんちくしょう、ここはどうなってるんだ？」なんて言いながら無駄な時間をダラダラ過ごしたりしてない。わかるよな？まあ、ほら、それが事実だよ。

　だからって、夢を見るのをやめたり、驚くような不思議なことを信じるのをやめたりしたわけじゃない。ただ俺はまあ、今のところ問題ないんだよ。

　それに、体の方も元気だ。もう少し体重なんかは落とした方がいいんだけど、それが人生ってもんさ。俺はカロリー計算する人間じゃないんでね。わかるだろ？　食べることも、酒を飲むことも好きなんだ。俺はそこらへんに座ってるその手の人間じゃないんだ、そういうロックスターじゃないんだよ、「それは何カロリーあるんだ？」なんて言うようなね。そういうやつらはスキニージーンズを無理にでもはかなきゃならないからな……ラモーンズみたいになろうとして。俺はそういうタイプじゃない。

　46歳にしては、うん、元気だよ。精神的にも元気で、軽くおしゃべりでもしたいような気分だ——幸せよ。

意。
⑱ and (all) that　などなど
⑲ them　★話し言葉でthoseの代わりに使われる。
⑳ get in ~　～に入り込む、～に詰め込む
㉑ feel like . . .　……したい気がする
㉒ chat　おしゃべり、雑談

| 用語解説 |

❶ Ramones　ラモーンズ　★(1974-96)。アメリカのパンクバンド。スリムなジーンズと革ジャン、長髪というスタイルがトレードマークだった。

TRACK 14 ▶ Love ①Vibes

Interviewer: I noticed there are ②quite a few very positive love songs on ❶the new album, such as "Now That I've Found You."

Gallagher: Yeah, man, "Once" is a love, it all ③beaut—like a, we've . . . Yeah, there's some great songs on there, man. "Meadows" is beautiful — that's one of my ④favourites. Yeah, there's a lots of good songs on there, man. I'm in love with the world, I'm in love with ❷my kids, I'm in love with ❸my girlfriend, I'm in love with my family. I've got good love vibes. You know what I mean?

But I've always had that. Just sometimes life, like, whatever happens. You're, like, life's, can sort of ⑤cloud it, ⑥y'know, ⑦get in the way but all gone now. You know what I mean? So, we're just ❹breaking on through to the love side. So, yeah, lots of love songs.

Interviewer: You ⑧mentioned "Once," which is a beautiful song, and that's a love song, too, is it?

---

①vibe　波動、(伝わる)雰囲気、気分
★7行下のget a good vibeは「いい雰囲気を感じる」の意。
②quite a few　かなりの数の、多くの
③beaut—　★beautiful (美しい)と言おうとしたと思われる。
④favourite　お気に入りのもの　★イギリス式つづり。アメリカ式ではfavorite。
⑤cloud　～を曇らせる

⑥y'know　★＝you know。
⑦get in the way　邪魔をする
⑧mention　～に言及する

愛を感じて

インタビュアー：新しいアルバムには前向きなラブソングがかなりたくさん入っていることに気付きました、「ナウ・ザット・アイヴ・ファウンド・ユー」とか。

ギャラガー：そうだな、「ワンス」はラブ（ソング）、すごく美しい——つまり……。うん、いい曲が幾つも入ってるよ。「メドウ」は美しい、お気に入りの一曲だ。うん、いい曲がたくさんあるよ。俺は世界を愛してる、子どもたちを愛してる、恋人を愛してる、家族を愛してるんだ。素晴らしく愛を感じてる。だろ？

　でもそれは前からずっと感じていたんだ。ただ人生っていうのは時々、まあ、いろいろなことがあるから。人生のおかげで、曇って見えなくなることが、邪魔をされることがあるけど、それも今はもうない。な？　だから、打ち破って愛の側に行こうとしてるわけさ。それで、うん、ラブソングが多いんだ。

インタビュアー：「ワンス」の話が出ましたが、美しい曲で、これもラブソングですね？

│用語解説│

❶the new album　★ソロアルバム2作目の『ホワイ・ミー？ホワイ・ノット』（2019）を指す。この後、アルバムの収録曲名が次々に挙げられている。
❷my kids　★リアム・ギャラガーにはモリー、レノン、ジーン、ジェマという4人の子どもがいる。また、子煩悩として知られている。
❸my girlfriend　★元マネジャーのデ

ビー・グィザーを指す。2019年9月に2人の婚約が報じられた。
❹breaking on through to the love side　★アメリカのロックバンド、ドアーズの1960年代の代表曲 "Break On Through (To The Other Side)" をもじっている。

Gallagher: Yeah, a love ①ballad. Yeah, well, it's a bit, I love it, so it's got to have, it's a love song, ②in that sense. But it's a bit more like, you know, it's like ③reflection of going s—like, "Look, I remember when you used to be great. I remember when life used to be so great, when we didn't have much to ④manage, and I mean life is simpler." You know what I mean? And I think that's important.

So, I think some people, I think you've just gotta ⑤simplify your life sometimes. You don't need two ❶Rolex watches, you don't need five houses, you know what I mean, in ⑥the continent ⑦or whatever. You don't need four cars. You just need to simplify it. I think you're a lot happier, then, when you simplify life. You can manage it a bit more.

| 語 注 |

⑦~ or whatever　～とかなんとか

① ballad　バラード
② in that sense　その意味では
③ reflection　熟考、内省
④ manage　～を何とかする、～に対処する
⑤ simplify　～を簡素にする、～を単純化する
⑥ the continent　（イギリスから見た）ヨーロッパ大陸

ギャラガー：うん、ラブバラードだ。うん、まあこれはちょっと、好きな曲だからどうしても、その意味ではラブソングだけどね。でもどちらかというと、その、振り返りっていうか——「ほら、君が最高だった頃を覚えてるよ。人生がすごく楽しくて面倒事が少なかった頃を覚えてる。生活が今よりシンプルだった頃を」っていう。だろ？それは大事だと思うんだ。

　つまり、一部の人は、誰でも、時には自分の生活をシンプルにする必要があると思うんだ。ロレックスの時計を2つも持ってる必要はないし、家を5軒も持つ必要もない、ヨーロッパだろうとどこだろうと。車を4台も持つ必要もない。とにかくシンプルにするんだよ。生活をシンプルにするとずっと幸せになると思うよ。ちょっとは扱いやすくなるからな。

| 用 語 解 説 |

❶Rolex　ロレックス　★1905年創業
のスイスの高級腕時計ブランド。

Rock 'n' Roll Is Alive

Interviewer: You always wanted to make music when you were growing up. Would you say it was like the meaning of life for you at that age?

Gallagher: Yeah. At the time, when I first saw ❶The Stone Roses, ①that was it, pfft — that was ②my thing, man. I was going, "I need to be . . ." I ③was obsessed, and still am. I was obsessed with just be—I just wanted, I knew I could sing in a band.

I never ④got a bug for being a ⑤songwriter. And ⑥I'm still not bothered about songwriting. I can write a few songs ⑦every now and again. But I work with other people that help my ideas come out.

But me, for me, it was singing. You know what I mean? F—goo—got a songwriter that's good. Then we get a ⑧bass player and a guitarist, but I just al—knew I wanted to be the ⑨frontman.

Interviewer: And so you succeeded and you're doing well, but what do you think of the state of rock music ⑩in general these days? It doesn't seem to be ⑪in such great shape.

| 語 注 |

①That's it. それだ。 ★探していた ものを見つけたときなどに言う。ここ では過去形になっている。
②one's thing 得意なこと、気に入っ たもの
③be obsessed (with ~) (〜で)頭の 中がいっぱいである、(〜に)夢中であ る
④get a bug for ~ 〜に強い興味を持

つ
⑤songwriter 作詞・作曲家 ★1行 下のsongwritingは「曲作り、作詞・作 曲」。
⑥be not bothered about ~ 〜のこ とは気にしない
⑦every now and again 時折
⑧bass ベース(ギター)
⑨frontman (バンドの)フロントマ ン、リードボーカル
⑩in general 総じて、全体的に

⑪in great shape 素晴らしい状態で、 元気いっぱいで

72

ロックンロールは健在

インタビュアー： 子どもの頃からずっと音楽作りをしたかったそうですね。その頃にはもうそれがあなたにとって生きる意味のようなものでしたか？

ギャラガー： そうだな。初めてザ・ストーン・ローゼズを見たとき、これだ、と――俺が求めてるのはこれだと思ったよ。「ならなくちゃ……」って言ってた。夢中になって、今もそうだ。夢中になって――とにかくなりたかった、バンドで歌を歌うんだって決めてた。

　曲作りにはそんなに興味を持ったことがない。今も曲作りしようという気は別にないんだよ。時たま曲を書くこともあるけど。でも、他の人たちと協力して、自分のアイデアを形にしてもらうんだ。

　それでも俺にとっては、大事なのは歌うことだったんだよ。な？　いい曲を書くやつがいてくれたらいい。それでベーシストとギタリストがいて、でも俺としては――フロントマンになるんだ、っていう思いがはっきりしてた。

インタビュアー： それであなたは成功して今も立派にやっているわけですが、最近のロック音楽全体の状況をどう思いますか？　あまり順調とはいえないようですが。

| **用 語 解 説** |

❶The Stone Roses　ザ・ストーン・ローゼズ　★リアムの出身地でもあるマンチェスターで1983年に結成されたロックバンド。96年に解散し、2011年に再結成されたが、19年9月、ギタリストのジョン・スクワイアがバンドの終了を発表した。

Gallagher: Rock 'n' roll is ①alive and well. 'Cause I, I'm proving that. You know what I mean? It might not be selling ②loads of records and all that, but ③it's not really about that, it was never about that. It was about moving people and meaning something. It doesn't matter if you sell a million records. If you sell a million ④copies of this or a hundred thousand, it won't mean it's better or worse.

TRACK 16

The ⑤Hipster Hates Me

Interviewer: I read a tweet of yours recently where you called ❶Noel a hipster. Was that a way of ⑥insulting him?

Gallagher: Well, no, he is a hipster, isn't he? He's making ❷cosmic pop. That's hipster, isn't it? And he's got ❸someone playing scissors in his band, that's fucking hipster, man.

Interviewer: But despite that, would you like to ⑦get along with him better ⑧at some point in your life?

| 語 注 |

①alive and well （まだ）健在で
②loads of ~ 山ほどの〜、大量の〜
③It's not about ~. 〜の問題ではない。大事なのは〜ではない。
④copy （本・新聞などの）1部、（CDなどの）1枚
⑤hipster ヒップスター、最先端にいようとする人
⑥insult 〜を侮辱する、〜をばかにする
⑦get along with ~ 〜と（仲良く）付き合う
⑧at some point in one's life 今後どこかの時点で、いつかそのうち

ギャラガー：ロックンロールはまだまだ健在だよ。だって、俺がそれを証明してる。だろ？　アルバムなんかがドカドカ売れたりはしてないかもしれないが、大事なのはそこじゃない、（今までだって）そんなことは決して大事じゃなかった。大事だったのは、人を感動させること、意義を持つことだ。アルバムを100万枚売ろうが関係ない。これ（新作アルバム）が100万枚売れようと10万枚だろうと、これがいいとか悪いとかいうことにはならないんだ。

ヒップスターは俺がお嫌い

インタビュアー：最近、ノエルをヒップスターと呼んでいるあなたのツイートを読みました。それは彼をばかにした呼び方ですか？

ギャラガー：いや、違うよ。あいつはヒップスターだからさ、だろ？　コズミック・ポップを作ってるんだぜ。そりゃヒップスターだろ？　しかも、あいつのバンドには、ハサミを演奏する人間がいるんだ、とんでもないヒップスターだよ。

インタビュアー：だとしても、いつかそのうち彼ともう少し仲良くやっていきたいという思いはありますか？

| 用 語 解 説 |

❶Noel (Gallagher)　ノエル（・ギャラガー）　★リアムの兄。リアムとともに、1990年代から2000年代にかけて、イギリスの大人気ロックバンド、オアシスを率いた。現在はノエル・ギャラガーズ・ハイ・フライング・バーズで活動。Interview 2 参照。
❷cosmic pop　★ノエルがアルバム『フー・ビルト・ザ・ムーン？』(2017)を出した際、実験的で新しい自らの音楽をこう呼んだ。cosmic は「宇宙の」の意。
❸someone playing scissors　★楽器としてハサミを開け閉めするパフォーマンスを行うメンバーを指す。p. 46 参照。

Gallagher: Yeah, later on. Yeah, holding hands. ①I'm in no rush. I've done all the . . . ②Olive branches have been out many times. I have no more. I did my best. And my best wasn't good enough. So, I've ③took it on in my head that I actually . . . I thought he was joking when he said he hated me, but now I actually think he actually does not like me. So, I'll ④leave it at that.

Interviewer: In "One of Us," are you ⑤quoting the old ❶Oasis song ❷"Live Forever?"

Gallagher: Yeah. Yeah, but that's, I mean, Oasis wasn't the first one to use them words — "live forever." Think ❸Bon Jovi's used them once as well. "I don't wanna live forever" — that ⑥shit. You know what I mean? So, yeah, man, "live forever." Yeah, ❹"You said we'd live forever." Maybe he did or maybe I did. ⑦Depends which way you're coming from.

Interviewer: Would you like to?

| 語　注 |

①be in no rush　慌てていない、急いでいない
②olive branch　仲直りの申し出　★オリーブの枝は平和と和解の象徴であることから。
③take ~ on　~を受け入れる　★文法的に正しくは I've taken it on。
④leave ~ at that　~をそのままにしておく、~をそこでやめておく

⑤quote　~を引用する
⑥shit　くだらないこと、たわ言
⑦Depends ~.　~による。~次第である。　★＝It depends (on) ~.

ギャラガー：うん、そのうちね。うん、握手でもして。急ぐ気はない。俺はやり尽くした……仲直りの申し出を何度もしてきた。これ以上はないよ。最善は尽くした。その最善でも足りなかったってことさ。だから自分の中でこう受け取ることにした、本当に……あいつが俺のことを嫌いだって言ってるのは冗談だと思ってたんだけど、今じゃ本当に俺のことが好きじゃないんだって実際思うようになった。だからもう、そういうことにしておくさ。

インタビュアー：「ワン・オブ・アス」の中では、かつてのオアシスの曲「リヴ・フォーエヴァー」を引用しているのですか？

ギャラガー：うん。そうなんだけど、あれは、そうは言っても、その "live forever" って言葉を使ったのはオアシスが初めてってわけじゃない。ボン・ジョヴィも前に使ってたと思う。"I don't wanna live forever"（永遠に生きたくはない）──そういうたわ言を。だろ？　だから、うん、ほら、"live forever" ね。そう、"You said we'd live forever."（俺たちの命は永遠だとおまえは言った）ってね。言ったのは彼かもしれないし、俺かもしれない。どっちから考えるかにもよるよ。

インタビュアー：そう望みますか？

│用語解説│

❶ **Oasis**　オアシス　★p. 43、❶参照。
❷ **"Live Forever"**　「リヴ・フォーエヴァー」　★オアシスのデビューアルバムに収録されている初期のヒット曲。
❸ **Bon Jovi**　ボン・ジョヴィ　★ (1983-)。アメリカのロックバンド。"I Don't Want To Live Forever"(2000) という曲がある。Bon Jovi's＝Bon Jovi has。

❹ **"You said we'd live forever."**　★ "One of Us" の歌詞の一節。

Gallagher: Would I like to live forever? Well, I want to live as long as I can. Live forever seems like a long time. Living forever when it's going well is great. You know what I mean? But life's not like that. You know what I mean?

You're like a bottle of wine, aren't you? You get older, like, you know, you get, taste better as you get older and you learn a few things. And then you can share your [1]wisdom with the next generation or whatever.

So, I think the mo—the key to life is [2]staying around as long as possible. You know what I mean? And not getting, like, too [3]bogged down with it when it's not going well. Not [4]jumping ship, you know what I mean, when it's going bad. You know what I mean? I think you've just gotta, like, [5]stick it out and it will always kind of come good — [6]fingers crossed, and that.

| 語 注 |

①wisdom　知恵、見識
②stay around　ずっと現役で、存在し続けて
③bogged down with ~　~にはまり込んで、~で行き詰まって
④jump ship　船から飛び出す、逃げ出す
⑤stick it out　最後までやり抜く
⑥(keep one's) fingers crossed　幸

運を祈る、うまくいくようにと祈る
★中指と人さし指を十字架を作るように交差させて幸運を祈るしぐさから。

ギャラガー：永遠に生きることを望むかって？　ま、できるだけ長生きはしたいな。永遠に生きるってのは長い時間になりそうだ。うまくいってるときは永遠に生きるのもいいだろう。な？　でも人生そうはいかない。だろ？

　人間も一瓶のワインみたいなもんだろ？　年を取ると、まあ、味わい深くなるし、年を取ると幾つか学ぶこともある。そうなると自分の知識を次の世代や何かに伝えられることもある。

　だから思うんだ――人生で大事なのは、できるだけ長く活動を続けることだ。な？　それと、うまくいかないときもあまり思い詰めないことだな。逃げ出さないことだよ、な、うまくいってないときも。な？　思うんだ、とにかく頑張り抜けば、必ずいい方に向いてくる――運を天に任せることだよ。

①Down With °the EU

Interviewer: In the '90s you were part of taking British culture to the world, but now, in 2019, it seems that Britain wants to stay within itself, doesn't it?

Gallagher: Yeah. Oh, ②the ❷Brexit thing.

Interviewer: Yeah, the Brexit thing. It's ③weird . . .

Gallagher: Yeah, I know, it's weird, but I mean, ④I tell you what. Listen, I hear it from both sides of the fucking thing. Like, I get what people are saying about wanting to ⑤go solo, I hear that. But then I also hear the other side — of staying in the EU.

Me, ⑥personally, I'm down with the EU. D—I mean, I don't even know what it is — you know what I mean? — but ⑦everyone's on about ❸Brussels and shit, but I like being part of Europe. You know what I mean?

| 語 注 |

と)話し続けている

①(be) down with ~ 　～に賛成である
②the ~ thing 　～ってやつ
③weird 　おかしな、奇妙な
④I tell you what. 　聞いてくれ。いいか。
⑤go solo 　ソロになる、単独で行動する
⑥personally 　自分としては
⑦be on about ~ 　～について（長々

EU 残留派

インタビュアー：90年代にあなたはイギリス文化を世界に伝える一端を担いましたが、2019年になった今、イギリスは内に閉じこもりたがっているようですね？

ギャラガー：うん。ああ、EU離脱問題ってやつか。

インタビュアー：そう、EU離脱問題ってやつです。おかしなもので……

ギャラガー：うん、わかる、おかしなもんだ。でもまあ、こういうことだよ。いいかい、俺はこのクソみたいな騒ぎの双方から話を聞いてる。例えば、独立したいっていう連中の言い分も聞いてる。だけど、もう一方の話も聞いてる——EUに残りたい側だ。

　俺自身は、EU側に付くね。そうは言っても、俺はEUが何なのかもわかってない——な？——けど、誰もがブリュッセルがどうこうって話を長々としてるが、俺としてはヨーロッパの一員でありたい。わかるか？

| 用 語 解 説 |

❶the EU　欧州連合　★＝the European Union。
❷Brexit　イギリスのEU離脱　★Britain（イギリス）とexit（離脱）を組み合わせた造語。2020年1月31日をもってイギリスはEUから離脱したが、同年12月31日までは移行期間とされている（2020年9月現在）。
❸Brussels　ブリュッセル　★ベルギーの首都。欧州委員会やEU理事会事務局などEUの主要機関が置かれていることから「EUの首都」と見なされる。

I feel like ①alienating yourself is not a good thing. That's like going back in fucking time. You know what I mean? And that's not good. Because I think we've ②learnt so much from shit. You know what I mean?

And I think being, I think just being as brothers and sisters, ③mate, ④all the way. You know what I mean? Whether we ⑤get on or not. You know what I mean? We're still in . . . I think it's a good thing to be part of. I think better is, more, ⑥the more the merrier, the better. I'm down with that.

| 語 注 |

いほど楽しい

① alienate oneself　孤立する
② learnt　★learnの過去分詞。イギリス式つづり。アメリカ式ではlearned。
③ mate　仲間、友達
④ all the way　あらゆるものに関して、いろいろな点で
⑤ get on　仲良くやっていく、気が合う
⑥ the more(,) the merrier　（人が）多

　孤立するのは良くないって気がするんだよ。クソみたいな時代に戻ろうとしてるみたいじゃないか。な？　それは良くない。クソから学んできたことはいろいろあるはずだからさ。だろ？

　だから思うんだ、兄弟、姉妹、友達、なんにしてもさ。な？　仲が良かろうと悪かろうと。な？　それでもやっぱり……。メンバーでいるっていうのはいいことだと思う。もっといいのは、数が多いほど楽しいし、その方がいい。俺はそっちに賛成だ。

（訳：挙市玲子）

Vocabulary List

A

☐ alienate oneself　孤立する

☐ alive and well　（まだ）健在で

☐ all the way　あらゆるものに関して、いろいろな点で

☐ at some point in one's life　今後どこかの時点で、いつかそのうち

B

☐ (be) down with ~　~に賛成である

☐ be in no rush　慌てていない、急いでいない

☐ be not bothered about ~　~のことは気にしない

☐ be obsessed (with ~)　（~で）頭の中がいっぱいである、（~に）夢中である

☐ be on about ~　~について（長々と）話し続けている

☐ bogged down with ~　~にはまり込んで、~で行き詰まって

C

☐ could do with ~　~があるといい、~が必要だ

E

☐ every now and again　時折

F

☐ feel like . . .　……したい気がする

☐ for a bit　少しの間

G

☐ get a bug for ~　~に強い興味を持つ

☐ get in the way　邪魔をする

☐ get on　仲良くやっていく、気が合う

☐ go solo　ソロになる、単独で行動する

I

☐ I tell you what.　聞いてくれ。いいか。

☐ in general　総じて、全体的に

☐ in great shape　素晴らしい状態で、元気いっぱいで

☐ in rude health　とても健康で　★rude には「失礼な」という意味もあるが、この場合は「頑健な」という意味。

☐ in that sense　その意味では

☐ It's not about ~.　~の問題ではない。大事なのは~ではない。

J

☐ jump ship　船から飛び出す、逃げ出す

K

☐ (keep one's) fingers crossed　幸運を祈る、うまくいくようにと祈る　★中指と人さし指を十字架を作るように交差させて幸運を祈るしぐさから。

L

☐ leave ~ at that　~をそのままにしておく、~をそこでやめ

ておく

☐ loads of ~　山ほどの~、大量の~

O

☐ olive branch　仲直りの申し出　★オリーブの枝は平和と和解の象徴であることから。

R

☐ reflection　熟考、内省

S

☐ sit around　座って無駄に過ごす

☐ stay around　ずっと現役で、存在し続けて

☐ stick it out　最後までやり抜く

T

☐ take ~ on　~を受け入れる

☐ That's it.　それだ。　★探していたものを見つけたときなどに言う。

理 解 度 チ ェ ッ ク

インタビューの内容に一致するものは □ Yes を、一致しないものは □ No をチェックしてください。

※質問の難易度の表示は、A＝易しい、B＝普通、C＝難しい、を表します

目標正答数	初級レベル▶ ☑ 3問以上	中級レベル▶ ☑ 6問以上	上級レベル▶ ☑ 8問以上

Questions		Yes	No
1	リアム・ギャラガーは精神的に満足して、調子のいい時期を過ごしていると語っている。　(難易度 A)	☐	☐
2	ギャラガーには、自分が適正体重を保っており、スキニージーンズが似合うという自覚がある。　(難易度 B)	☐	☐
3	ギャラガーは食べ物や飲み物について、いちいちカロリー計算はしないたちである。　(難易度 A)	☐	☐
4	ギャラガーは身近な人々への愛情が、新アルバムに反映されていると語っている。　(難易度 A)	☐	☐
5	ギャラガーは、ヨーロッパ暮らしを満喫するために高級ブランド品を2つ以上持つことを勧めている。　(難易度 A)	☐	☐
6	ギャラガーはフロントマンとしての活躍よりも、独自のアイデアで作曲に専念したいと考えている。　(難易度 B)	☐	☐
7	ギャラガーにとってロック音楽の意義とは、人を感動させることである。　(難易度 B)	☐	☐
8	ギャラガーは兄ノエルに何度も仲直りの申し出をしてきたと言っている。　(難易度 C)	☐	☐
9	ギャラガーは、人生においてできるだけ長く活動し続けることが大事だと語っている。　(難易度 C)	☐	☐
10	ギャラガーの考えでは、イギリスの EU 離脱について賛成者が多ければ多いほど好都合である。　(難易度 B)	☐	☐

答え：Q1. Yes／Q2. No／Q3. Yes／Q4. Yes／Q5. No／Q6. No／Q7. Yes／Q8. Yes／Q9. Yes／Q10. No

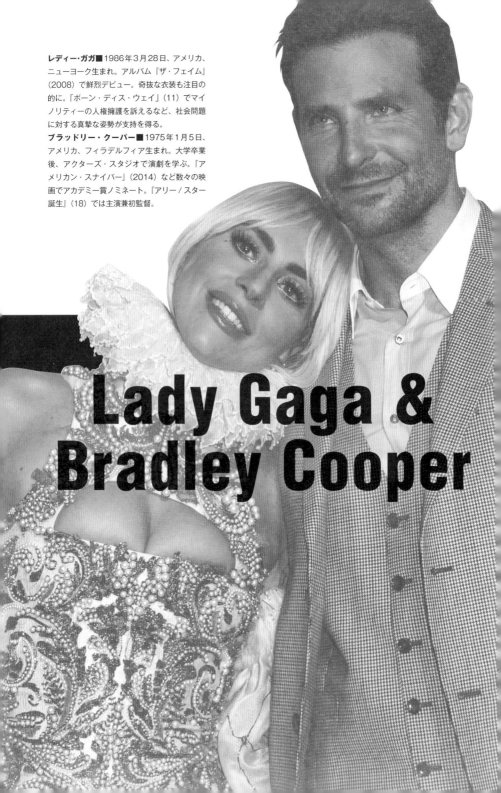

レディー・ガガ■ 1986年3月28日、アメリカ、ニューヨーク生まれ。アルバム『ザ・フェイム』（2008）で鮮烈デビュー。奇抜な衣装も注目の的に。「ボーン・ディス・ウェイ」（11）でマイノリティーの人権擁護を訴えるなど、社会問題に対する真摯な姿勢が支持を得る。

ブラッドリー・クーパー■ 1975年1月5日、アメリカ、フィラデルフィア生まれ。大学卒業後、アクターズ・スタジオで演劇を学ぶ。『アメリカン・スナイパー』（2014）など数々の映画でアカデミー賞ノミネート。『アリー／スター誕生』（18）では主演兼初監督。

Lady Gaga & Bradley Cooper

TRACK **18**

■収録日：2018年8月31日　■収録地：ベネチア（イタリア）

▶レディー・ガガ
| スピード | 普通 | 語彙 | 普通 | 発音 | 明瞭 |

▶ブラッドリー・クーパー
| スピード | 速い | 語彙 | 普通 | 発音 | 明瞭 |

「栄光と転落が
まぶしく交差する
スターへの道」

*"You're not gonna
take my songs
from me."*

「私の曲は絶対に渡さない」

Naoki Ogawa's Comment

レディー・ガガはしっかりした声、はっきりした発音、発話速度も速すぎず、区切りながら話すので、聞きやすい。しかし安心はできない英語だ。全体的に淡々として、同じ調子で話す。つまり彼女の音声表現は、理解のヒントにはなりにくいということだ。また、文脈や背景知識がないとわかりにくい表現がちらほらある。p. 92、第1段落などはそうだ。

ブラッドリー・クーパーは俳優らしく発音が明瞭だ。また声の響きも柔らかい。心地よい響きの英語だ。しかしあまり途切れのない早口でもある。立て板にいつのまにか大量の水が流れているような感じだ。学習者としては情報過多に陥ってしまう。とりわけガガの発話速度に慣れた中で聞くと、アップアップしてしまいやすい。事前に日本語訳を読んでおくなどの準備をすると、早口の聴解の練習にはいい素材だ。なお、p. 94、第3段落2〜3行目の you could have been there は「ユクダベンネア」となる。

写真：AP/ アフロ

A Story of Love

Interviewer: Why do you think ❶this story has ①endured for so long?

Lady Gaga: I think ②it's safe to say because we have seen so many ③incarnations of this film, we know already that this story has s—④standed the test of time. It is a beautiful story, and it is one that people, I think, will be ⑤touched by all over the world. It's a story about love.

It's a story about what Bradley would ⑥refer to as the human ⑦plight and ⑧addiction. It's a remarkable experience for me, and I'm very much looking forward to everybody seeing it.

Interviewer: What was the biggest challenge with the role?

Gaga: The challenge for me in playing ❷Ally is that, really, at the beginning of this film, Ally has completely ⑨given up on herself.

And when I ⑩started out in the music industry, when I decided I wanted to be a singer, and ⑪go for it professionally, I was about 19 years old. And I ⑫hit the ground running. And I was ⑬dragging my piano from ⑭dive bar to dive bar, trying to get jobs so that I could sing and perform for people. And I really believed in myself.

| 語 注 |

①endure 持ちこたえる、残り続ける
②it's safe to say . . . ……と言って間違いない
③incarnation 生まれ変わり
④stand the test of time 時の試練に耐える、時代を超えて生き残る ★ standedはstoodの言い間違い。standの代わりにwithstand（過去形はwithstood）も使われる。

⑤touch ～の心を打つ、～を感動させる
⑥refer to A as B AをBと呼ぶ
⑦plight 苦境、窮地
⑧addiction 依存症、中毒
⑨give up on ～ ～を見限る
⑩start out 出発する、乗り出す
⑪go for it 目標を目指して努力する、頑張る
⑫hit the ground running 新しいことに熱心に取り組む、全力でスタート

する
⑬drag ～を引きずる
⑭dive bar 安酒場、場末のバー

愛の物語

インタビュアー：この物語がこれほど長く生き残っているのは、なぜだと思いますか？

レディー・ガガ：この作品が何度もの生まれ変わりを経てきたことからしても、この物語は時を超えた名作になったと言っていいと思います。美しい物語であり、世界中の人々が感動するであろう物語です。愛の物語です。

　ブラッドリーの立場からは、人間の苦境と依存症がテーマとも言える物語です。私にとっては素晴らしい体験ですし、皆さんに見てもらうのがとても楽しみです。

インタビュアー：この役において最大の挑戦は何でしたか？

ガガ：アリーを演じる上で難しかったのは、実は、作品の冒頭でアリーがすっかり自分について諦めているところです。

　私が音楽業界で活動を始めたとき、歌手になりたいと心に決め、プロとしてやっていこうと決めたときは、19歳ぐらいでした。そこで、がむしゃらに頑張り始めました。場末のバーからバーへピアノを引きずって歩き、人前で歌ったり演奏したりできる仕事を得ようとしていました。そして自分自身を心から信じていました。

｜用語解説｜

❶ this story　★*A Star Is Born*（p. 91、❷参照）というタイトルで、才能を見いだされた若い女性がスターダムに上る一方、見いだした側の男性がスターの座から凋落していく、という同じストーリーラインの映画が、過去に3本作られていることを指す。
❷ Ally　アリー　★本作でガガが演じる歌手の卵。

Ally does not believe in herself at the beginning of this film. And it, it is her relationship with ❶Jack and their love together and how much he believes in her that really ①brings her to life.

Behind the Makeup

Interviewer: Did you ever feel the pressure of having to change your appearance, as your character does in the film?

Gaga: I have always loved to ②transform. I've always loved to ③shape shift and become different characters. It's part of my ④artwork, it's part of my music.

And what was so wonderful about this experience with Bradley, and why he's such an incredible director is that he really wanted to see me with nothing.

And I remember very, very well, I walked down the stairs from my house before we filmed the ⑤screen test for ❷*A Star Is Born*, and he had a ⑥makeup wipe in his hand, and he put his hand on my face, and ⑦he went like this, and there was makeup. We had put just a little bit. And he said, he said, "I want no makeup on your face."

| 語 注 |

①bring ~ to life ～に命を吹き込む、～を生き生きさせる
②transform 変容する、変身する
③shape shift 形を変える、変身する
④artwork 芸術作品、芸術活動
⑤screen test スクリーンテスト、カメラテスト ★実際に撮影してみてカメラ映りやカメラワークを確かめること。

⑥makeup wipe メイク落としシート ★wipeは「拭き取り用の布・シート」のこと。
⑦he went like this ★上から下にそっとなでるしぐさをしている。

　この作品冒頭のアリーは自分を信じていません。彼女に命を吹き込むのは、ジャックとの関係であり、互いへの愛であり、彼が彼女をとても信じてくれていることなのです。

メイクを落として

インタビュアー：作中であなたの演じる人物がそうであるように、あなたも外見を変える必要性をプレッシャーに感じたことはありますか？

ガガ：私はずっと変身が大好きでした。姿を変えていろいろなキャラクターになるのが大好きです。それが私の芸術活動の一部であり、私の音楽の一部です。

　今回のブラッドリーとの経験で何が素晴らしかったか、そして彼がなぜ、こんなにも並外れた監督なのかというと、彼が素のままの私を見ようとしてくれたことです。

　とてもよく記憶に刻まれているのですが、『アリー／スター誕生』のスクリーンテストの撮影前、私が家の階段を下りてきたとき、彼は手にメイク落としを持っていて、その手を私の顔に置いてこんなふうにすると、（メイク落としに）メイクが付きました。ごく軽くメイクをしていたので。そのとき彼は、「顔にはまったくメイクをしないでほしいんだ」と言いました。

│ 用 語 解 説 │

❶**Jack**　ジャック　★クーパーが演じるベテラン歌手 Jackson Maine（p. 101、❶参照）のこと。
❷*A Star Is Born*　『アリー／スター誕生』★（2018）。同じ原題の『スタア誕生』（1937）の3度目のリメイクで、ガガが主演、クーパーが主演と自身初の監督を務める。

And so, uh, this ①vulnerability was something that he ②brought out in me. And for someone that doesn't necessarily feel safe, that [feels] vulnerable all the time, it was such a special experience with him. He made me just feel so free. And at the same time he is so ③laser-focused while he is working and such a ④visionary.

So, I ⑤got to ⑥live my dream. I've always wanted to be an actress. And there can be a hundred people in the room and 99 don't believe in you, and you just need one to believe in you — and that was him. So, I'm very lucky to be here.

TRACK 21 **Special Moments**

Interviewer: There's a very ⑦touching scene in the film where Ally plays her own music in public for the first time. How did you feel playing that role?

Gaga: I ⑧have to say that me and Bradley ⑨were so entrenched in the characters that this moment, when we were filming, felt so real, so alive. We had a live audience watching us. We sang the film live.

| 語 注 |

①vulnerability 脆弱性、無防備さ
★2行下のvulnerable は形容詞で「脆弱な、傷つきやすい」の意。
②bring out A in B BにあるA（性質など）を引き出す
③laser-focused レーザーのように一点に集中した
④visionary 明確なビジョンのある人
⑤get to do ～する機会を得る、～することができる
⑥live one's dream 夢を実現する、夢をかなえる ★live out one's dream とも言う。
⑦touching 人の心を動かす、胸を打つ
⑧have to say that ... ……と言わざるを得ない
⑨be entrenched in ~ ～に定着した、～に深く根付いた

　ですから、この無防備さは彼が私から引き出してくれたものです。あまり安心を感じていられない人間、常に傷つきやすい人間にとって、彼と一緒にいるのはとても特別な体験でした。彼は私に、本当に自由であると感じさせてくれました。それでいて、彼は仕事にはレーザー並みの集中力を発揮しますし、とてもビジョンのしっかりした人です。

　おかげで私は夢をかなえることができました。昔からずっと女優になりたかったのです。その場に100人いて99人が自分を信じてくれなくても、1人が信じてくれるだけでいい─それが彼でした。ですから、この場にこうしていられる私はとても幸運です。

特別なひととき

インタビュアー：映画の中に、アリーが自作した音楽を人前で初めて演奏するとても感動的なシーンがあります。あの役を演じるのはどんな気持ちでしたか？

ガガ：正直、私もブラッドリーも登場人物にすっかり入り込んでいたので、この場面は、撮影していてとてもリアルに、生々しく感じられました。実際の観客に見てもらっていました。この映画（の歌）はライブで歌ったのです。

And because I have never done a film before, as a(n) actress, for me it was very easy to kind of go to a place where I was saying to myself, "OK, I've never done this before. This is my first time on film." And get into that circumstance and then go out and to play.

And I remember very well that I, it was, I think, the last ①take of the, uh, performance — we did many takes of it, and it was the last take — and Bradley came over to me, right before, and he said, "OK, now on this one, I want you just to have fun." And I performed, and I'll never forget it — it really did feel like I was performing, uh, my song for the first time. It was very, very special.

Bradley Cooper: And I, I just have to add to that that we can all ②attest to that. You know, it was special for you, but I wish you could have been there to actually watch it happen, because as, a—while we were filming this movie, we also had the opportunity of watching and being a part of watching her sing, ha-ha, every day.

And it was, ③literally, the whole ④crew would just ⑤sit back, and we were all, we all kind of forgot we were even doing a job every time she sang. We were just sort of sitting there watching it and feeling very grateful that we were there at this moment to watch this incredible artist, uh, ⑥do her thing.

| 語 注 |

①take テイク ★同じ場面を何度か撮ったうちの一つ。
②attest to ~ ~を証明する、~を立証する
③literally 文字どおり、まさに
④crew クルー、スタッフ
⑤sit back 腰を落ち着ける、何もせずに傍観する ★2行下のsit there も同じ意味。

⑥do one's thing 自分の得意なことをする

　それに、私はそれまで女優として映画に出たことはなかったので、ある意味、現場に行って、自分の中で「ええと、こんなのはやったことがない。映画に出るのはこれが初めてだし」と思うのはたやすいことでした。そのまま、その状況に飛び込んで、人前に出て、演技をするわけです。

　そして、とてもよく覚えていますが、その演奏部分の最後のテイクで――幾つもテイクを撮った、その最後のテイクでした――ブラッドリーが私の方に来て、直前にこう言いました、「よし、じゃあ今回は、ただ楽しんでくれ」と。それで演奏したのですが、決して忘れません――あれは本当に、自分の歌を初めて演奏しているような気持ちでした。とても、とても特別なひとときでした。

ブラッドリー・クーパー：私からも言い添えておきますが、それについてはわれわれ全員が証明できます。ほら、君にとって特別だったというけれど、それを目の前で見る側にいてほしかったぐらいだよ。何しろ、この映画の撮影中、私たちは彼女が歌うのを見たり、観客の一員になったりする恩恵にもあずかっていたのです、ハハハ、毎日ね。

　そしてあれはまさに、彼女が歌うたび、スタッフ全員がすっかり聞きほれて、仕事中だということをほとんど忘れていたぐらいです。すっかり聞きほれて、見とれて、この類いまれなアーティストが本領を発揮するのを、この瞬間、ここで見られることについて、とてもありがたく感じていました。

And that really, it ①never got old. Right? I mean, it was just in—it was ②insane. ③All of a sudden, she starts and, you know, the temperature in the room changes.

Interviewer: Bradley, did you feel nervous or even scared when you had to sing live in the film?

Cooper: This is the thing about, uh, people needing people. She made me feel so comfortable — from the first day we met, in fact — that we sang together that very first, 15, 20 minutes we knew each other.

And ④I'd be lying if I said I was nervous because she made me feel so comfortable. She really did. I mean, she's very ⑤present and warm, and when you see an artist of that ⑥caliber treat you like a ⑦peer, uh, it's very ⑧emboldening. So, the true answer is I didn't; I felt like I was protected all the time.

| 語 注 |

①~ never get old　～には決して飽きることがない
②insane　正気でないほどの、とんでもない、ものすごい
③all of a sudden　突然、唐突に
④I'd be lying if I said (that) . . .　………と言えばうそになる、……とは言えない
⑤present　存在感のある

⑥caliber　力量、スケールの大きさ
⑦peer　同輩、対等な仲間
⑧emboldening　励ますような、勇気づけるような

96

　そしてあれは本当に、聞き飽きることがありませんでした。でしょう？　つまり、あれはもう——あれは、ものすごかったです。彼女が歌い始めた途端、その場の空気が変わるのです。

インタビュアー：ブラッドリーさん、作品中、生で歌わなければならなかったことに、緊張や、さらには恐怖を感じたりしましたか？

クーパー：これは、人には人の支えが必要だという例です。彼女は私をとても安心させてくれました——まさに、初めて会った日から——ですから、一緒に歌ったあの最初の15分か20分で互いに理解し合えました。

　ですから緊張していたとは言えません、彼女のおかげですっかりくつろいでいたので。本当にそうです。ほら、彼女はとても存在感があって温かくて、しかもこんな大物アーティストが自分を仲間扱いしてくれるのですから、とても勇気づけられます。ですから正直な答えとしては、緊張しませんでした。ずっと守られているような気持ちだったのです。

Different ①Viewpoints

Interviewer: Lady Gaga, how does Ally's ②journey compare to your own?

Gaga: At many times in the beginning of my career, I said no. I write my own music, and I, I work with other writers as well ③at times. But when I was first starting out, you know, I was not the most beautiful girl in the room, and there were lots of women that were singers but that did not write their own music. And many record ④executives wanted to take my songs and give them to other women to sing. And I was, like, ⑤holding on to my music ⑥with my cold, dead fingers, saying, "⑦You're not gonna take my songs from me."

But I was always very strong at the beginning of my career, that I always had to ⑧take a left turn, a little bit. ⑨No matter what they asked me to do, I always had to make sure that it was done my way. I never wanted to be sexy like other women. I never wanted to be viewed like other women. I wanted to be my own artist and m—have my own vision. And I think it's the same thing for Ally in this film. She's ⑩navigating her career, and she's trying to find her place as she transforms.

| 語 注 |

① viewpoint　視点、観点
② journey　（人のたどった）道のり、遍歴
③ at times　時折、時には
④ executive　重役、幹部
⑤ hold on to ～　～にしがみつく、～を手放さない
⑥ with my cold, dead fingers　死んで冷たくなった指で　★「（死後硬直で

指が動かないように）つかんだものを絶対に放さない」様子を強調している。
⑦ You're not gonna do.　あなたが～することはない。～させはしない。
⑧ take a left turn　左折する、難しい方向に曲がる　★車が右側を走るアメリカでは右折に比べて左折が難しいことから。
⑨ no matter what . . .　……が何であろうとも
⑩ navigate　～（進路など）をなんとか

進む・注意して進む

視点の違い

インタビュアー: レディー・ガガさん、アリーの道のりはご自分と比べていかがですか?

ガガ: デビュー当初の私は、ノーと言うことが多かったですね。私は自分で曲を書きますし、時にはほかの作曲家とも共作します。でもデビューしたての頃は、まあ、周りの女の子たちの中で私が一番の美人というわけではなかったし、歌は歌うけれど自分で曲は書かない女性たちがたくさんいました。それで、レコード会社の上層部の多くが、私から曲を取り上げ、ほかの女性たちにそれを当てがって歌わせようとしました。そのときの私は、まるで死者のようにかたくなな指で自分の曲にしがみついて、「私の曲は絶対に渡さない」と言っていました。

　ですが、デビュー当初の私は常にとてもかたくなだったので、ちょっと面倒な動きを取る羽目になってばかりいました。何をするよう頼まれても、必ず自分のやり方でしなければ気が済まなかったのです。私は、ほかの女性たちのようにセクシーになりたいとは決して思いませんでした。ほかの女性たちと同じように見られたくもありませんでした。自分ならではのアーティストになり、自分独自のビジョンを持ちたかったのです。それはこの映画の中のアリーも同じだと思います。自分のキャリアの進め方を自分で探り、変化しながら自分の場所を見つけようとしているのです。

Interviewer: Bradley, tell us about ①breathing life into this character.

Cooper: The thing that I love about ❶Jackson Maine's character is that he really doesn't think about ②fame at all.

Uh, and the, the opening scene of the movie, actually, it's a ③sold-out ④venue and he's, you get the sense that, uh, th—there's nothing ⑤dwindling on the outside. It's maybe in the inside when you see him go into that car and where you may be expecting somebody be—to ⑥be filled with ⑦elation after just ⑧coming off of this very ⑨bombastic opening. He seems quite ⑩melancholic and ⑪takes a swig of a bottle of, uh, ⑫gin that's in, uh, the back seat.

So, and that was, uh, one of the things that I wanted to ⑬portray with this character: that he's ⑭operating from a completely different viewpoint. Um, so that's not something that he's ⑮dealing with. And he could've ⑯gone on and sold venues, and he didn't have any financial problems, and . . .

| 語 注 |

①breathe life into ~ ～に命を吹き込む
②fame 名声、有名であること
③sold-out 完売の、(コンサートなどが)満員の
④venue 会場
⑤dwindle 徐々に衰える、先細りになる
⑥be filled with ~ ～(感情など)にあふれる
⑦elation 高揚感、大喜び
⑧come off of ~ ～から離れて来る
⑨bombastic 仰々しい、これ見よがしの
⑩melancholic 憂鬱な
⑪take a swig of ~ ～をがぶ飲みする
⑫gin ジン ★独特の香り付けをした蒸留酒。
⑬portray ～を描写する、～を表現する
⑭operate (人の目を欺くような)仕事・活動をする
⑮deal with ~ ～(問題など)に取り組む
⑯go on 続ける

インタビュアー：ブラッドリーさん、この（自分の演じた）人物にどのように命を吹き込んだか、聞かせてください。

クーパー：ジャクソン・メインという人物に関して私がとても好きなところは、まったく名声に興味がないところです。

　映画冒頭のシーンは、実は、あれは満員のコンサート会場で、外から見た彼には何の衰えもないように感じられます。それがあるのはおそらく内面で、彼があの車に乗り込むのが映るとき、この華々しいオープニングを終えてきたばかりの彼が喜びで満たされていてもおかしくない場面です。彼はとても沈んだ様子で、後部座席に置いてあったジンのボトルをあおります。

　ですから、そこは、この人物に関して表現したい部分の一つでした。彼がまったく違う観点から行動しているということです。彼にとって、名声は問題ではないのです。引き続き会場を満員にすることもできただろうし、経済的な問題もなかったのですから……。

| 用語解説 |

❶**Jackson Maine**　ジャクソン・メイン　★クーパーが演じた本作の登場人物。ベテラン歌手で、アリーの歌の才能を見抜きスターダムへと押し上げるが、自身はアルコール依存の問題を抱える。

From Noise to Silence

Interviewer: Bradley, how do you handle fame?

Cooper: Me, personally? Uh, the thing about fame that, that I find ①fascinating is the ②sonic element of it, and that's what we have in the movie. You know, it's very much like, "③Boom, boom, boom, boom, ④ch—! Boom, boom, boom, boom, ch—!" Like, there's ⑤tons of noise, and then all of a sudden you're alone.

And, um, I didn't wanna have any, sort of, ⑥paparazzi or ⑦press conferences — no, no, ⑧no offense, ha-ha! — in the movie, um, but, but to, but to ⑨capture what it, what it kind of feels like from an ⑩experiential point. And that's why that movie has ❶that rhythm.

Interviewer: After directing, producing and ⑪starring in this film, where do you want your career to go next?

| 語 注 |

①fascinating 魅力的な、とても興味
をそそられる
②sonic 音波の、音の
③boom ブーン、ドカーン ★ドラ
ムをたたいたときに出るような重低音
の大きな音を表す。
④ch チャッ ★シンバルの音を表現
したもの。ここでは急にスイッチなど
が切れて静かになる様子を表している。

⑤tons of ~ 大量の、ものすごい
⑥paparazzi パパラッチ、ゴシップ
カメラマン ★イタリア語paparazzo
(女性はpaparazza)の複数形。
⑦press conference 記者会見
⑧No offense. 悪気はありません。
気を悪くしないで。
⑨capture ~を捉える、~を(映像な
どで)表現する
⑩experiential 経験的な、経験に基
づいた

⑪star 主演する

大歓声から静寂へ

インタビュアー:ブラッドリーさん、あなたは有名である状況にどう対処していますか?

クーパー:私自身がですか? うーん、有名であることの興味深い部分は、音に関する要素で、それはこの映画にも描かれています。ほら、「ブン、ブン、ブン、ブン、チャッ!　ブン、ブン、ブン、ブン、チャッ!」という感じで。ものすごい大騒ぎかと思うと、急に独りきりになるのです。

　そして私はパパラッチや記者会見といったものを描きたくなかったので——いやいやいや、気を悪くしないで、ハハハ!——映画の中の話です、でも、それがどんな感じなのか、経験を踏まえて描こうと思ったのです。だから映画の中では、あのリズムを使っているんです。

インタビュアー:この作品で監督と製作と主演を務めた後、次はどのようにキャリアを進めていくおつもりですか?

| 用 語 解 説 |

❶that rhythm　★名声の功罪を描くための手段として、記者会見などの視覚的な表現ではなく、音声を使って表現しようとしたことを指している。

Cooper: And time, I don't know how you feel about it, but that's the biggest ①currency. And, uh, I just wanna make sure that I ②utilize that time ③to the best degree possible. So, this movie was, you know, ④all said and done, probably four years of my life and, and every minute and second was worth it. So, I just hope to be able to be a part of projects that I ⑤loved as much as I love this one.

And if I can continue to do that and, um, people like ❶Warner Brothers is[are] willing to allow me to ⑥tell stories, then that, that's what I'll do.

Coordinated by Jordan Riefe
Narrated by Nadia McKechnie

| 語 注 |

①currency 通貨、価値を持って一般に通用するもの
②utilize ～を利用する、～を活用する
③to the best degree possible 最大限に
④all said and done ★= when all is said and done（結局は、すべてが終わったときには）。

⑤loved ★文法的に正しくは love。また、直後の love が loved となるべき。
⑥tell stories 物語を紡ぐ ★「映画を作る」ことを指す。

クーパー：時間が——皆さんがそれをどう感じているかはわかりませんが——それが最大の通貨です。ですから、その「時間」を最大限に活用することに努めたいと思っています。この映画は、終わってみると、私の人生の4年ほどを占めたわけですが、毎分毎秒すべてに価値がありました。ですから、この作品に注いだのと同じぐらい愛情を注げる作品に参加できることを願うばかりです。

　もしそれを続けていくことができて、ワーナー・ブラザースのような会社が私に映画作りをさせてくれるのであれば、それが私の進む道です。

（訳：挙市玲子）

| 用 語 解 説 |

❶Warner Brothers　ワーナー・ブラザース　★映画製作・配給などを手掛けるアメリカの大手エンターテインメント企業。1923年創業。

Vocabulary List

A

☐ all of a sudden 突然、唐突に

☐ all said and done ★ = when all is said and done（結局は、すべてが終わったときには）。

☐ at times 時折、時には

☐ attest to ~ ～を証明する、～を立証する

B

☐ be entrenched in ~ ～に定着した、～に深く根付いた

☐ bombastic 仰々しい、これ見よがしの

☐ breathe life into ~ ～に命を吹き込む

☐ bring ~ to life ～に命を吹き込む、～を生き生きさせる

☐ bring out A in B Bにある A（性質など）を引き出す

C

☐ caliber 力量、スケールの大きさ

☐ come off of ~ ～から離れて来る

☐ do one's thing 自分の得意なことをする

☐ dwindle 徐々に衰える、先細りになる

E

☐ elation 高揚感、大喜び

☐ emboldening 励ますような、勇気づけるような

G

☐ get to do ～する機会を得る、～することができる

☐ go for it 目標を目指して努力する、頑張る

H

☐ hit the ground running 新しいことに熱心に取り組む、全力でスタートする

☐ hold on to ~ ～にしがみつく、～を手放さない

I

☐ I'd be lying if I said (that) . . . ……と言えばうそになる、……とは言えない

☐ incarnation 生まれ変わり

☐ it's safe to say . . . ……と言って間違いない

N

☐ No offense. 悪気はありません。気を悪くしないで。

P

☐ peer 同輩、対等な仲間

☐ plight 苦境、窮地

☐ portray ～を描写する、～を表現する

S

☐ shape shift 形を変える、変身する

☐ sit back 腰を落ち着ける、何もせずに傍観する

☐ stand the test of time 時の試練に耐える、時代を超えて生き残る

☐ start out 出発する、乗り出す

T

☐ take a left turn 左折する、難しい方向に曲がる ★車が右側を走るアメリカでは右折に比べて左折が難しいことから。

☐ take a swig of ~ ～をがぶ飲みする

☐ to the best degree possible 最大限に

U

☐ utilize ～を利用する、～を活用する

V

☐ visionary 明確なビジョンのある人

☐ vulnerability 脆弱性、無防備さ

理 解 度 チ ェ ッ ク

インタビューの内容に一致するものは □ Yes を、一致しないものは □ No をチェックしてください。

※質問の難易度の表示は、A ＝易しい、B ＝普通、C ＝難しい、を表します

目標正答数	初級レベル▶ ☑ 3問以上	中級レベル▶ ☑ 6問以上	上級レベル▶ ☑ 8問以上

	Questions	Yes	No
1	レディー・ガガによると、『アリー / スター誕生』には愛、苦しみ、依存のテーマがある。　(難易度 A)	☐	☐
2	レディー・ガガは音楽活動を開始した頃、歌手になれる自信がなくてほぼ諦めていた。　(難易度 A)	☐	☐
3	レディー・ガガは通常、変身することは自分の芸術活動の一部だと考えている。　(難易度 A)	☐	☐
4	レディー・ガガは『アリー / スター誕生』のスクリーンテストで、メイクを落とすよう言われた。　(難易度 B)	☐	☐
5	『アリー / スター誕生』での歌は、演奏シーンの撮影が済んでからスタジオで録音した。　(難易度 C)	☐	☐
6	ブラッドリー・クーパーによると、レディー・ガガが歌い始めると一瞬にして空気が変わった。　(難易度 B)	☐	☐
7	クーパーはレディー・ガガと仕事をする間、ずっと緊張が解けなかったと語っている。　(難易度 C)	☐	☐
8	レディー・ガガによると、デビューして間もない頃、ほかのシンガーから曲を借りるようレコード会社から言われた。　(難易度 C)	☐	☐
9	レディー・ガガは、アリーと自分の共通点として、独自のキャリアを築こうと努める点を挙げている。　(難易度 A)	☐	☐
10	クーパーは、『アリー / スター誕生』ほど愛情を注げる作品に今後出合える可能性はないと考えている。　(難易度 B)	☐	☐

答え：Q1. Yes／Q2. No／Q3. Yes／Q4. Yes／Q5. No／Q6. Yes／Q7. No／Q8. No／Q9. Yes／Q10. No

Eric Clapton

エリック・クラプトン■1945年3月30日、イギリス、サリー州生まれ。独学でギターを身に付け、ヤードバーズ、クリーム、デレク&ザ・ドミノスといったバンドを経てソロ活動を開始。デレク&ザ・ドミノス時代の「いとしのレイラ」(1971)、幼い息子の死を悼んで作られた「ティアーズ・イン・ヘヴン」(92) などのヒット曲を持つ。アメリカの雑誌『ローリング・ストーン』が選ぶ「最も偉大なギタリスト」として、ジミ・ヘンドリックスに次ぐ2位に選ばれた。しばしば「ギターの神」と呼ばれる。

TRACK **24**

■収録日：2017年9月11日　■収録地：トロント（カナダ）

スピード	普通
語　彙	普通
発　音	明瞭

「ギターの神、語る
音楽への信頼と
冷めない情熱」

"I love to listen to music and I love to play music."

「僕は音楽を聞くのが大好きで、演奏するのが大好きなんだ」

Naoki Ogawa's Comment

比較的聞きやすい英語だが、英国南部の訛りが時折現れる。grasp、last の母音は [ɑ:] で、この母音が使えるのは、標準語話者ないしはイングランド南部出身者だけだ。一方、desperation（p. 112、5行目）、maybe（p. 116、4行目）の強勢母音が「アイ」に近くなっている。また going（p. 122、トラック29、5行目）の go が「ガウ」となっている。これらは南部訛りらしい特徴だ。なおエリックは、I don't know とよく言うが、この発音はほぼ「アダナ(ゥ)」。英国ではよく聞かれる崩した発音だ。

写真：MediaPunch/ アフロ

A Life on Film

Interviewer: How does it feel to have your life ①encapsulated into ❶a film?

Eric Clapton: It's very difficult ②in places, but it, ③overall, I think it was a great thing to see from beginning to end. And, er, one, when we began it, I really didn't, I didn't really ④grasp where it was gonna be ⑤focused. I thought it would be just one area. And then when I ⑥realised that we had to cover everything, I thought, "Well, I don't know how they're gonna do this in ❷less than six hours," you know, but, and to see it all, it wa— it's pretty ⑦overwhelming.

A lot of it I don't even remember. But the last section is my ⑧favourite part, because I, I look like I've got a smile on my face for it, for the first time in my life.

Interviewer: I imagine your ❸struggles with alcohol must have been hard for you to watch, too.

| 語 注 |

①encapsulate 〜をカプセルに入れる、〜を短くまとめる
②in places 所々で
③overall 全体的に、全般に
④grasp つかむ、把握する
⑤focus 焦点を当てる、注目する
⑥realise 〜をはっきり理解する ★イギリス式つづり。アメリカ式ではrealize。
⑦overwhelming 圧倒するような
⑧favourite ★イギリス式つづり。アメリカ式ではfavorite。

フィルムに収められた人生

インタビュアー：自分の人生が1本の映画にまとめられたお気持ちはいかがですか？

エリック・クラプトン：所々かなりつらいけど、全体的には、最初から最後まで見るのはすごく楽しかったと思うよ。それに、最初のうちはあまり、何に焦点を当てようとしているのか、よくわからなかった。一つのテーマに絞るんだろうと思っていたんだ。その後、何もかもカバーしなきゃいけないんだと気付いたときには、思ったよ、「うーん、どうやってこれを6時間以内に収めるのか、見当も付かない」と。でも、全部見てみると、かなり圧倒されるね。

　大半は自分では覚えてもいないんだ。でも最後の部分は気に入ってる個所だよ、何しろ僕の顔に笑顔が浮かんでいるんだからね、生まれて初めて。

インタビュアー：アルコールとの苦闘も、ご自身でご覧になっていてつらかったに違いないと思います。

| 用語解説 |

❶ a film　★ドキュメンタリー映画*Eric Clapton: Life in 12 Bars*（『エリック・クラプトン〜12小節の人生〜』）を指す。ここでのbarは「（楽譜の）小節」の意味で、12 Barsは典型的なブルースの進行形式を指す。
❷ less than six hours　★実際の映画の長さは2時間15分。
❸ struggles with alcohol　アルコールとの闘い　★クラプトンは70年代から90年代まで薬物やアルコールの依存症に苦しんだ。

Clapton: I haven't had a drink for a long time now, but for the first 10 years of that period, a lot of my thinking, ①behaviour, didn't really change. It was a slow ②evolvement, really. And it was only then, and after I'd had my children, ❶my daughter and my son, I began to realise. And it's actually clear in the film. You can, it, and I can see it in, in ③a form of ④desperation that here I ⑤am suddenly faced with responsibility, and that I had to ⑥do something about it. So, my ⑦legacy has always been that, really.

There's always been a . . . ⑧commitment to music was a legacy, too, because I always thought it was important to ⑨credit the people where it came from. I've seen myself as a ⑩messenger, really, all the time, always it's been a ⑪principle for me.

| 語 注 |

①behaviour ★イギリス式つづり。アメリカ式では behavior。
②evolvement 進歩、進展
③a form of ~ ~の一形態、一種の~
④desperation 自暴自棄、やけっぱち
⑤be faced with ~ ~に直面している
⑥do something about ~ ~をどうにかする、~に対処する
⑦legacy 遺産、次の世代・時代に伝えるもの、後世に残る功績・価値観
⑧commitment to ~ ~に全力を尽くすこと、~への傾倒
⑨credit 功績を~に帰する
⑩messenger メッセンジャー、使者、配達人
⑪principle 原則、主義

クラプトン：酒を飲まなくなって今ではもう長いけれど、その（禁酒）期間の最初の10年は、考え方も行動も、大半はあまり変わっていなかった。のろのろした歩みだった、本当に。それからようやく、子どもたちを、娘と息子を授かってから、自覚するようになった。そしてそれが実際、映画でもはっきり見られるよ。ある種の自暴自棄から、ここへ来て急に責任に直面して、どうにかしなければいけなくなったのが、ちゃんと見て取れる。だから、僕の足跡は常にそういったことだったんだよ。

　いつだって……音楽に全力で向き合ってきたことも伝えていきたい。というのも、音楽を生み出した人たちに敬意を払うのが大事だと、いつも思ってきたから。自分はメッセンジャーだと考えていたんだ、本当に、それが常に、いつでも自分の基本的な考えだったよ。

| **用 語 解 説** |

❶ my daughter and my son　★1985
年に生まれた長女と86年に生まれた長
男を指す。長男は4歳のときに高層マン
ションから転落事故死した。

TRACK 26 **Uneasy Viewing**

Interviewer: Are you pleased with how the film's ①turned out? And what do you see as its legacy?

Clapton: Yeah, I hope that as many people ②get to see it as can.

But the main point goes back to what I was being asked, is "What, what is the legacy of this film?" And it really is that we carry a message. I mean, the ③underlying thing for me was that, to show that, from all of that ④mess, that I could still ⑤come to be a ⑥reasonably ⑦well-behaved human being, with a ⑧sense of, er, responsibility. So, all of that stuff that went before has brought me to that.

Interviewer: Was there anything that you looked at in the documentary, maybe even something you'd forgotten, and you thought, "Oh, how could I have said that?" Or, "Why did I do that?"

Clapton: ⑨Are you kidding? *(audience laughter)* The whole thing. I thought, ⑩right up to the time I stopped drinking, everything I said is absolute ⑪blather, you know?

| 語 注 |

①turn out ~　～な状態になる
②get to do　～する機会を得る、～できる
③underlying　下に横たわる、根底にある
④mess　混乱、ひどい状態
⑤come to do　～するようになる
⑥reasonably　かなり、まずまず
⑦well-behaved　行儀のいい

⑧sense of responsibility　責任感
⑨Are you kidding?　冗談だろう？、何を言ってるんだ。　★ここでは「そんなことは当たり前だ、尋ねるまでもないことだ」という意味合い。
⑩right up to ~　～に至るまで
⑪blather　ばかげたこと、たわ言

見ていられない自分の姿

インタビュアー：映画の出来に満足ですか？　この作品が後世に伝えることは何だと思いますか？

クラプトン：うん、できるだけ多くの人が見る機会を持つことを願っているよ。
　ただ、要点を今聞かれたことに戻すと──「この映画が後世に伝えることは何か？」だけれど。それはまさに、「自分たちがメッセージを伝えている」ということだ。つまり、僕にとって根本的なことは、あのひどい状態だった自分が、それでも、それなりにまともな行動を取る、責任感のある人間になれた、というのを見せたことなんだ。つまり、それ以前にあったいろいろなことのおかげで、そこまで来られたんだ。

インタビュアー：あのドキュメンタリーの中に、もしかしてご自分でも忘れていて、「ああ、なんで自分はあんなことを言ったんだろう？」とか「どうしてあんなことをしたんだろう？」と思ったことはありますか？

クラプトン：聞くまでもないだろ？（聴衆の笑い）全部だよ。酒をやめるところまでは、自分の発言が何もかもまったくのたわ言だ、と思ったね。わかるだろ？

I mean, there's a certain amount of ①pompousness that I see in, when I'm talking to, being interviewed and this sort of, I don't know, some kind of ②weird expression on my face, like, "Don't ask me these questions. I know all of this stuff." And that's really tough for me to watch. And maybe it's true for all of us when we're young — there's a, a level of ③arrogance there about, "Oh, don't, I know it all," while only as I get older, do I realise that I know nothing at all ④whatsoever.

So, for me to watch myself going through all of that, it was not easy. I don't like having my picture taken. I don't like talking to journalists, but I love playing music. *(audience laughter)* ⑤No offence! Not, ⑥there's nothing personal. It's just, er, I don't know how to do it. I really don't know how to do it, and, um, it can ⑦take up a lot of time, if you're in that industry, you know.

| 語 注 |

①pompousness 尊大な言葉遣い
②weird 奇妙な、異様な
③arrogance 尊大、傲慢
④whatsoever 少しの……も、何の
……も ★否定を強調する副詞。
⑤No offence! 気を悪くしないで！、
悪気はないんだよ！ ★聴衆のほとんど
がジャーナリストやカメラマンである
ことに対して。offenceはイギリス式つ
づり。アメリカ式ではoffense。
⑥there's nothing personal 個人的
な意味は込めていません、あなた(たち)
に対して言っているわけではありませ
ん
⑦take up time 時間を消費する

　インタビューを受けて話をしているとき、かなり偉ぶった様子も見られたし、こんな感じの、わからないけど、なんだか珍妙な表情が顔に浮かんでるんだ、「そんな質問をしないでくれ。全部わかってるんだ」みたいなね。あれは見ていて本当にきつい。若い頃は誰でもそういうものかもしれない―「おい、やめてくれよ、俺には全部わかってるんだから」という、多少の傲慢さがそこにはある。それが年を重ねていってようやく、自分には何も全然わかっていないと気付くんだ。

　だから、自分がそういう時期を過ごしているのを自分の目で見るのは、落ち着かなかったね。僕は写真を撮られるのが好きじゃないし。報道陣と話をするのも好きじゃない、ただ音楽を演奏することが大好きなんだ。(聴衆の笑い) 気を悪くしないで！いや、君たちを責めてるんじゃないよ。僕がどうしていいかわからない、というだけのことで。本当にどうしていいかわからないし、しかも長時間かかることもある、君たちも、この業界にいるならわかってるだろう。

Favourites

Interviewer: Which guitar players throughout your life have ①moved you ②to the core and still do?

Clapton: ❶Jimmie Vaughan, ❷Gary Clark — I mean, these are, er, guys that are s—they're ③colleagues, still alive. ❸Robert Cray is up there. ❹Robert Johnson b—④to begin with, and ❺Freddie King, and B.B. King, Albert King, ❻Steve Cropper, ❼Robbie, um, er, it goes on.

There are some great ⑤unknown players, too — the guitar players that, on, that played on the ❽Bobby Bland records. I can't remember his name now. There's a couple of great jazz musicians that I listen to — ❾Kurt Rosenwinkel's a big friend of mine. He's a great musician. It goes on. I like it all, really. I like it all, but just some more than others.

Interviewer: And out of all the songs that you've written, is there one that you keep going back to and playing again and again as your favourite?

| 語 注 |

① move　感動させる
② to the core　芯まで、心の底まで
③ colleague　同業者、仲間
④ to begin with　手始めに、まずは
⑤ unknown　知られていない、無名の

大好きなギタリストと曲

インタビュアー: これまでの人生で出会った中で、心の底から感動したギタリスト、今でも感動させられるギタリストは、誰ですか?

クラプトン: ジミー・ヴォーン、ゲイリー・クラーク──まあ、ここら辺は仲間で、まだ生きてる。ロバート・クレイもそこに入る。最初からとなると、ロバート・ジョンソンに、フレディ・キングとB.B.キング、アルバート・キング、スティーヴ・クロッパーにロビー、挙げたらきりがないね。

　無名だけれど素晴らしいギタリストも何人かいる──ボビー・ブランドのレコードで演奏していたギタリストなんかね。今すぐには名前を思い出せないけれど。よく聞く素晴らしいジャズ・ミュージシャンも何人かいる──カート・ローゼンウィンケルは大親友だよ。素晴らしいミュージシャンだ。きりがない。本当にみんな好きなんだよ。みんな好きなんだ、程度の差が多少あるだけで。

インタビュアー: では、これまで書いたすべての曲の中で、お気に入りとして何度も繰り返し演奏する一曲はありますか?

| 用 語 解 説 |

❶Jimmie Vaughan　ジミー・ヴォーン　★(1951-)。アメリカのブルース・ギタリスト、歌手。
❷Gary Clark (Jr.)　ゲイリー・クラーク(・ジュニア)　★(1984-)。アメリカのブルース・ギタリスト、歌手。
❸Robert Cray　ロバート・クレイ　★(1953-)。アメリカのブルース・ギタリスト。

❹Robert Johnson　ロバート・ジョンソン　★(1911-38)。卓越した腕を持つと言われたギタリスト。
❺Freddie King, and B.B. King, Albert King　★フレディ・キング(1934-76)、B.B.キング(1925-2015)、アルバート・キング(1923-92)。ブルース・ギタリストの三大キングと呼ばれる。
❻Steve Cropper　スティーヴ・クロッパー　★(1941-)。アメリカのギタリ

スト、レコーディングプロデューサー。
❼Robbie (Robertson)　ロビー(・ロバートソン)　★(1943-) カナダ出身のギタリスト、シンガーソングライター。
❽Bobby Bland　ボビー・ブランド　★(1930-2013)。アメリカのブルース歌手。
❾Kurt Rosenwinkel　カート・ローゼンウィンケル　★(1970-)。アメリカのジャズギタリスト。

Clapton: Yeah. It's the, the one that I wrote for ❶my wife, called ❷"Believe in Life." It was on an album called ❸*Reptile*. And every time we ①go out on the road, I ②practise that, and I can't get it perfect enough to play it ③onstage. ④It's a shame. But that's my favourite ⑤track that I've written and recorded.

TRACK 28 # It's All Good

Interviewer: Where do you think music is ⑥heading these days? I mean, young people today are generally making music ⑦differently to how it was made when you were ⑧starting out. For example, guitar sales are down ⑨significantly.

Clapton: Yeah, I didn't realise it was that bad. *(audience laughter)* I really didn't. I'm ⑩out of touch. I mean, I don't know what's going on. I don't know where it's gonna go either. I think anything that, that has a, a ⑪natural process will ⑫end up where ⑬it's supposed to be. Um . . .

| 語 注 |

①go out on the road （ミュージシャンが）ツアーに出る
②practise ★イギリス式つづり。アメリカ式では practice。
③onstage ステージ上で、舞台で
④It's a shame. 残念なことだ。困った話だ。
⑤track （アルバムに収録された）曲
⑥head 向かう、進む

⑦differently to ~ ～とは違ったふうに ★イギリスでは different(ly) に続けて from の代わりに to を使うことも多い。アメリカでは than を使うことも多い。
⑧start out （活動などを）始める
⑨significantly 著しく、大いに
⑩out of touch 情報に触れていない、事情に疎い
⑪natural process 自然の成り行き
⑫end up ~ 最後には～（場所・状態）に落ち着く

⑬be supposed to do ～することになっている、～するはずである ★end up where it's supposed to be で「収まるべきところに収まる、なるようになる」の意。

クラプトン：あるよ。妻のために書いた「ビリーヴ・イン・ライフ」という曲だ。『レプタイル』というアルバムに収録した。ツアーに出るたびに練習するんだけど、ステージで演奏できるような完璧な状態にできないんだ。困ったことだね。でも、それが、これまで自分で書いてレコーディングした、いちばん気に入っている曲だよ。

音楽は全部いい

インタビュアー：今の音楽はどこへ向かっていると思いますか？　つまり、今どきの若い人たちは概して、あなたが音楽を始めた頃とは違った音楽のつくり方をしています。例えば、ギターの売り上げは大幅に落ちています。

クラプトン：そうか、そこまでひどいとは知らなかった。（*聴衆の笑い*）本当に知らなかったよ。僕は疎くてね。つまり、何が起きているか知らないんだ。どこに向かっているかもわからない。自然な経過をたどるものは何であろうと、なるようにしかならないんだと思うよ。

| 用 語 解 説 |

❶ my wife　★2002年に結婚した現在の妻、メリア・マッケナリーを指す。

❷ "Believe in Life"　「ビリーヴ・イン・ライフ」　★後述のアルバム『レプタイル』に収められたほか、2001年にシングルとしても発売された。

❸ *Reptile*　『レプタイル』　★2001年に発表されたクラプトンのアルバム。reptile は「爬虫類」の意。

My kids listen to classic rock, but that may only be 'cause that's what I've played to 'em from the time they were, you know, their ①conception, they were in, er, they're, been, er, listening to music through the ②womb. You know, I've played 'em ③playlists, and, sort of, um, said, just ④brainwashed my kids. And at the back of it is always the guitar, or some kind of ⑤solo instrument.

My belief in music that it's all good. I don't think there's any, even stuff that doesn't appear to be so. It's all good.

TRACK 29

Where's the Venue?

Interviewer: Is ⑥retirement still something that you occasionally think about?

Clapton: Er, yeah, I've quit. I've got four more shows and then it's over. And I've been saying that since I was 17. *(audience laughter)* Well, there's a ⑦bit in the film where it, I talk about going to see this friend of mine — ●Ben Palmer — and, and, he had to kind of ⑧talk me back into the idea of ⑨carrying on. W—and that was when I was 17.

| 語 注 |

① conception 受胎、妊娠
② womb 子宮
③ playlist プレイリスト、好みの音楽を集めたリスト
④ brainwash 洗脳する
⑤ solo instrument ソロ楽器、独奏楽器
⑥ retirement 引退、隠居 ★クラプトンはこれまで年齢などを理由に、引

退発言を何度か繰り返している。
⑦ bit 部分、(映画などの)場面
⑧ talk A back into B Aに考え直してBするよう説得する
⑨ carry on 続ける

　うちの子どもたちはクラシック・ロックを聞くけど、それはただ、僕が彼らに聞かせてきたせいかもしれない、受胎のときから、胎内にいた頃から音楽を聞いてたわけだから。僕がプレイリストを聞かせてきたから、それでうちの子たちが、言わば、洗脳されただけで。その伴奏には必ず、ギターか、何かしらのソロ楽器があるね。

　僕の音楽の信念は、「全部いい」だ。たとえ一見そうとは思えないものでも、（悪いものは）何もないと思うんだ。全部いいんだよ。

ただ場所が変わるだけ

インタビュアー：引退は今でも時々、頭に浮かぶことですか？

クラプトン：うん、やめたよ。ライブがあと4つ残っていて、それで終わりだ。これ（「もうやめる」ということ）は17歳のときから言い続けてるんだ。（聴衆の笑い）ほら、映画にも、友達——ベン・パーマー——に会いに行く話をする場面があるけど、その彼が僕を説得して、（音楽を）続けていくという考えに引き戻さなくちゃならなかったんだ。それが17歳のときだよ。

| 用 語 解 説 |

❶Ben Palmer　ベン・パーマー　★
クラプトンが17歳のときに初めて加入
したバンドThe Roostersの元メンバ
ー。

One of the things that I realised ①in the last year or so is even if I stop playing ②altogether, I could ③live on just listening to music — is enough for me. Um, most, and it still is. I find that when I'm working, it, the only ④tricky thing about working for me, and playing onstage or in the studio, whatever, I don't listen to music anymore.

So what, I don't know what that's about, but it's sort of ⑤disturbing for me that I, I ⑥cast all this other stuff aside, stuff that I really need to be ⑦absorbing, which connects with ❶what the lady was talking about — understanding what the music scene is doing — um, and just ⑧concentrate on my own thing.

So I ⑨miss the boat a lot of the time. I ⑩catch up all the time. And I kind of think, "Well, ⑪am I in it? Am I behind it? Does it matter? Does it really matter if I carry on playing or not?" So, but ⑫the thing is I love to listen to music and I love to play music, ⑬be it onstage, be it anywhere. It's just a question of is there a, where's the ⑭venue, really.

Courtesy of HeyUGuys.com

Narrated by Carolyn Miller

| 語 注 |

①in the last year　過去1年間、この1年の間に

②altogether　まったく、すっかり

③live on doing　～して生きていく、～して暮らす

④tricky　厄介な、扱いが難しい

⑤disturbing　心をかき乱す、不安にさせる

⑥cast ~ aside　～を脇に投げ出す、

～を捨て去る

⑦absorb　～を吸収する、～を取り入れる

⑧concentrate on ~　～に注意を集中する

⑨miss the boat　乗り遅れる、時機を逃がす

⑩catch up　追い付く、遅れを取り戻す

⑪be in it　参加している、従事している

⑫the thing is ~　大事なのは～だ、問題は～だ

⑬be it ~　～であろうと

⑭venue　会場、開催地

　この1年ぐらいの間に実感したことの一つは、もし演奏をすっかりやめてしまったとしても、音楽を聞くだけで生きていける——僕にはそれで十分だ、ということ。ほぼ十分だし、今もそうだ。わかったんだけど、仕事をしていると、僕が仕事をしていて唯一厄介なことは、ステージであれスタジオであれ何であれ、演奏をしていると、もう音楽を聞かなくなることなんだ。

　つまり、僕にもよくわかっていないけれど、僕にとってはなんだか不安なんだ、ほかのことを何もかも、本来吸収する必要のある、その女性がさっき言っていた話と関連するようなこと——音楽シーンがどういう状況か理解することだね—そんなことを投げ出して、自分の音楽だけに集中するのは。

　だから、しょっちゅう乗り遅れる。いつも遅れを取り戻す。で、思うんだ、「ええと、今は流れに乗っているんだろうか？　遅れているんだろうか？　そんなこと大切なんだろうか？　僕が演奏を続けるかやめるかなんて、そんなに大事なことだろうか？」と。だから、でも大事なのは、僕は音楽を聞くのが大好きで、音楽を演奏するのが大好きだということ、それがステージ上であれどこであれ。場所がどこかというだけの問題なんだよ、本当はね。

（訳：挙市玲子）

| 用 語 解 説 |

❶ what the lady was talking about
★ギターの売り上げが落ちているという現在の音楽シーンの話（p. 121）を指している。

Vocabulary List

A

☐ absorb　〜を吸収する、〜を取り入れる

B

☐ be supposed to do　〜することになっている、〜するはずである

☐ blather　ばかげたこと、たわ言

C

☐ carry on　続ける

☐ cast ~ aside　〜を脇に投げ出す、〜を捨て去る

☐ catch up　追い付く、遅れを取り戻す

☐ come to do　〜するようになる

☐ commitment to ~　〜に全力を尽くすこと、〜への傾倒

☐ concentrate on ~　〜に注意を集中する

☐ conception　受胎、妊娠

☐ credit　功績を〜に帰する

E

☐ encapsulate　〜をカプセルに入れる、〜を短くまとめる

☐ end up ~　最後には〜（場所・状態）に落ち着く

G

☐ go out on the road　（ミュージシャンが）ツアーに出る

I

☐ in places　所々で

L

☐ live on doing　〜して生きていく、〜して暮らす

M

☐ miss the boat　乗り遅れる、時機を逃がす

N

☐ natural process　自然の成り行き

O

☐ out of touch　情報に触れていない、事情に疎い

☐ overall　全体的に、全般に

☐ overwhelming　圧倒するような

P

☐ pompousness　尊大な言葉遣い

☐ principle　原則、主義

R

☐ reasonably　かなり、まずまず

☐ right up to ~　〜に至るまで

T

☐ take up time　時間を消費する

☐ talk A back into B　Aに考え直してBするよう説得する

☐ the thing is ~　大事なのは〜だ、問題は〜だ

☐ to begin with　手始めに、まずは

☐ to the core　芯まで、心の底まで

☐ turn out ~　〜な状態になる

U

☐ underlying　下に横たわる、根底にある

W

☐ well-behaved　行儀のいい

理 解 度 チ ェ ッ ク

インタビューの内容に一致するものは □ Yes を、一致しないものは □ No をチェックしてください。

※質問の難易度の表示は、A ＝易しい、B ＝普通、C ＝難しい、を表します

目標正答数	初級レベル▶ ☑ 3問以上	中級レベル▶ ☑ 6問以上	上級レベル▶ ☑ 8問以上

Questions		Yes	No
1	エリック・クラプトンは、ミュージシャンたちへの敬意を常に大切にしてきたと語っている。　　　　(難易度 A)	☐	☐
2	クラプトンは自身のドキュメンタリーを他人にできるだけ見られたくないと語っている。　　　　(難易度 A)	☐	☐
3	クラプトンにとって自身のドキュメンタリーが伝えるメッセージは、自暴自棄からいかに回復できるかということである。　　　　(難易度 C)	☐	☐
4	クラプトンは過去の自分を振り返り、断酒までの発言はたわ言だったと述べている。　　　　(難易度 A)	☐	☐
5	クラプトンが気に入っているギタリストは、ほとんどが無名の演奏家たちである。　　　　(難易度 B)	☐	☐
6	クラプトンは最も気に入っている自分の曲について、常に最高の演奏ができると感じている。　　　　(難易度 A)	☐	☐
7	クラプトンは、ギターの伴奏が入る曲を子どもたちに多く聞かせてきたと言っている。　　　　(難易度 B)	☐	☐
8	クラプトンは音楽を続けていくようにと、友達から 17 年にわたって説得されてきた。　　　　(難易度 A)	☐	☐
9	クラプトンは、もしも演奏をやめたなら、音楽を聞くだけで生きていけるだろうと語っている。　　　　(難易度 C)	☐	☐
10	クラプトンにとって厄介なことは、音楽を聞くのに集中すると、どの演奏会場かと気になることである。　　　　(難易度 B)	☐	☐

答え：Q1. Yes／Q2. No／Q3. Yes／Q4. Yes／Q5. No／Q6. No／Q7. Yes／Q8. No／Q9. Yes／Q10. No

Paul
McCartney

ポール・マッカートニー■1942年6月18日、
イギリス、リバプール生まれ。62年～70年
にザ・ビートルズのメンバーとして、ジョン・
レノンらと共に多くの楽曲の作詞・作曲を手
掛ける。ザ・ビートルズ解散後は、自らのバ
ンドやソロで精力的に活動。97年に音楽的功
績により、イギリス女王からナイトの称号を
授与された。

TRACK **30**

■収録日：2011年8月4日　■収録地：ビバリーヒルズ（アメリカ）

スピード	遅め
語彙	普通
発音	明瞭

「音楽史を変えた
大スターが明かす
名曲誕生ストーリー」

*"It's one of the things
I'm most proud of,
actually, to have
lucked out to be in a
profession like this."*

「こんな職業に就く幸運に恵まれて、すごく誇りに感じるよ」

Naoki Ogawa's Comment

ポールの出身地リバプールはイングランド北部で、英語としてはかなり訛りのある地域だ。しかしポールの英語は、あからさまな訛りはないので、聞きやすい。最初の妻リンダも現妻ナンシーもニューヨーク出身である。しかも国際的に活躍するポール。だからこそ、彼の英語もわかりやすいものになっているのだろう。とはいえその基盤は英国英語だ。例えば New York や concerts の母音後の r が発音されていない。面白いのは、Let it be の発音だ。p. 136最終文以降、母親の口真似をしているので、リバプール（北イングランド）訛りになっている。ちなみに become（p. 138、第2段落3行目）も「ビコム」になっている。母を思い出すという文脈に影響され、訛りが出たようだ。

写真：Backgrid/ アフロ

A Beatle in New York

Interviewer: When you think of New York, what comes to mind? I imagine it's a lot of mixed emotions.

Paul McCartney: I think that my original connection was with ❶the Beatles, with ❷Shea Stadium, ❸Ed Sullivan, ①as you say. And when you talk to me about New York now, it's the people, er, because I married a New York girl, ❹Linda. And I'm about to marry ②another one.

So, I think I would think ③first of all of Linda and her family, and our family, and our connections with New York, and then my ④upcoming connections. And then, I think, after that, all the ones you've mentioned, you know, Ed Sullivan, Shea Stadium, ❺9/11 concert, and, er, many great concerts there, you know — most recently, ❻Yankees, and ❼Citi Field before that, closing Shea with ❽Billy Joel. So I have a lot of connections.

| 語 注 |

①as you say ★今回掲載・収録していない部分の中に、質問者がシェイ・スタジアムやエド・サリバンに言及している個所がある。
②another one ★2011年10月に結婚したアメリカ人女性ナンシー・シェベルを指す。
③first of all 第一に、まず
④upcoming 近い将来の、今後の

ニューヨークとの関わり

インタビュアー：ニューヨークというと、何が思い浮かびますか？　きっと、さまざまに入り交じった思いでしょうね。

ポール・マッカートニー：最初のつながりはビートルズ関係で、おっしゃるように、シェイ・スタジアムやエド・サリバンとのものでしょうね。また、今（2011年8月）の僕とニューヨークの話をすると、人物の話になります、というのも、僕はニューヨーク娘のリンダと結婚していましたから。そしてもう一人、別のニューヨーク娘との結婚を控えています。

　ですから、まずはリンダとその家族、それから自分の家族、それからニューヨークの関係者、そして自分の今後の関係者のことが浮かぶでしょうね。そして、その次に、さっきあなたが挙げたような、そう、エド・サリバンとか、シェイ・スタジアムとか、9.11コンサートとか、あの街でのたくさんの素晴らしいコンサートですね——ごく最近のヤンキー・スタジアムや、その前のシティ・フィールドや、ビリー・ジョエルと一緒にシェイ・スタジアムの最後を飾ったこととか。そんなふうに、たくさんの関わりを持っています。

用語解説

❶the Beatles　ザ・ビートルズ　★1962年にデビューし70年に解散した、イギリスの4人組ロックバンド。
❷Shea Stadium　シェイ・スタジアム　★ニューヨーク・メッツの本拠地だった野球場。1965年にビートルズが、史上初の球場でのコンサートを開いた。
❸Ed Sullivan　エド・サリバン　★（1901-74）。64年にビートルズは3週連続で「エド・サリバン・ショー」に出演。驚異的な視聴率を記録した。
❹Linda　リンダ　★（1941-98）。1969年にマッカートニーと結婚。
❺9/11 concert　★2001年9月11日の米同時多発テロを受けて、同年10月に開催されたチャリティーイベント「コンサート・フォー・ニューヨーク・シティ」。マッカートニーは発起人。
❻Yankees　ヤンキース　★本拠地のヤンキー・スタジアムで、2011年7月にマッカートニーがコンサートを行った。
❼Citi Field　シティ・フィールド　★シェイ・スタジアムに代わるメッツの本拠地。2009年、マッカートニーがこけら落としのコンサートを行った。
❽Billy Joel　ビリー・ジョエル　★（1949- ）。ニューヨーク出身のミュージシャン。

America via Greenland

Interviewer: In ❶the documentary, we see you watching old ①footage of the Beatles. Do you remember what was actually going through the mind of the band members when you came to this country to introduce your music for the first time to a national audience, in 1964?

McCartney: You know, what the great thing is, I always say to, kind of, younger bands ②and stuff, we were very lucky because we had a kind of ③staircase of ④fame. Not like now, where you're just, you're an ⑤overnight success and you've gotta ⑥deal with it. We started in ❷Liverpool, and we had to, sort of, ⑦schlep around, trying to get some work and trying to get a little bit more money, a little bit, a bigger ⑧club. Went to ❸Hamburg. Then we played all around England.

So, by the time we had the offer to come to America, we were now, kind of, famous in Europe, and we ⑨had a little handle on how to behave and how to do it. We'd met quite a lot of people who were likely to ⑩criticise us, and we, kind of, we felt like we had a way to deal with it. So we were very excited to come to America because this is where all the music that we loved came from.

| 語 注 |

①footage （記録）映像
②~ and stuff ～など
③staircase 階段
④fame 名声、有名であること
⑤overnight success 一夜のうちに
得た成功、急速に成功を遂げた人 ★
ここでのsuccessは「成功者」の意。
⑥deal with ~ ～に対応する
⑦schlep around （苦労して）歩き回

る ★schlepの発音は[ʃlép]。
⑧club ナイトクラブ、キャバレー
⑨have a handle on ~ ～を把握して
いる、～を理解している
⑩criticise 批判する ★イギリス式
つづり。アメリカ式ではcriticize。

「グリーンランド経由」のアメリカ

インタビュアー：このドキュメンタリーには、ビートルズ時代の昔の映像を、あなたがご覧になっている場面があります。1964年に、全国のファンにご自分たちの音楽を紹介するため、初めてこの国（アメリカ）に来たとき、バンドメンバーの胸の内をどんな思いが実際によぎっていたか、覚えていらっしゃいますか？

マッカートニー：まあ、ありがたかったこととして、いつも若いバンドやなんかにも言うんですが、僕らが段階を踏んで有名になれたというのは、とても幸運でした。今みたいに、一夜にして成功を手にしてその状況に対応しなければならなくなるのと違って。僕らは、リバプールからスタートして、あちこちで下積みをする必要がありました、仕事をもらい、少しでも多くお金を稼ぎ、少しでも大きなクラブで演奏しようと努力しながら。ハンブルクにも行きました。それからイングランド中を演奏して回りました。

　ですから、アメリカに来てほしいとオファーをもらった頃には、僕らはもう、ヨーロッパでまずまず有名になっていたので、どう振る舞ってどうしたらいいのか、多少はつかんでいました。僕らを批判したがる人にもずいぶんたくさん会っていましたから、その対処法も、まあ、わかっていたつもりです。それで、アメリカに来ることには大興奮していました、何しろ、ここは、僕らの愛する音楽が生まれた地ですから。

| 用 語 解 説 |

❶the documentary　★ドキュメンタリー映画『ポール・マッカートニー THE LOVE WE MAKE　9.11からコンサート・フォー・ニューヨーク・シティへの軌跡』(2011)を指す。
❷Liverpool　リバプール　★イングランド北西部の港湾都市。ビートルズのメンバーの出身地。
❸Hamburg　ハンブルク　★ドイツ北部の港湾都市。前身のバンドから「ビートルズ」に改名して間もない1960年から62年にかけて、数度にわたり同市のクラブで長期巡業を行い、バンドの知名度を高めていった。

We had said to our manager, "Look, we're not going to America until we have a No. 1 record." Which, you think about it, was a really quite a, sort of, ①bold move, er, because we'd seen other stars from Britain come to America and just ②fade into the general scene.

And we did, ③eventually. We got No. 1 with ❶"I Want to Hold Your Hand." And we just ④hit the roof. We said, "Now we can go to America!" So we came in here ⑤on a bit of a wave of success. We, kind of, ⑥felt good about ourselves. But we were really ⑦amazingly excited to come to the land of our music.

Um, we were very excited. We got off the plane to ⑧this amazing ⑨hysteria. Then we went into a ⑩press conference, and I think this is what I'm talking about — the press would say, you know, "How do you find America?" And we'd say, "⑪You turn left at Greenland." *(laughter)*

|語 注|

①bold 大胆な、思い切った
②fade into the general scene 目立たなくなる、影が薄くなる ★＝fade into the background。
③eventually 最終的に、とうとう
④hit the roof （売り上げなどが）急激に伸びる
⑤on a wave of ~ ～の波に乗って
⑥feel good about oneself いい気

分になる、自信を感じる
⑦amazingly 驚くほど、とびきり
⑧this ★自分が現在思い浮かべているものを、相手も共有していると想定して提示する表現。
⑨hysteria 狂乱状態、大興奮
⑩press conference 記者会見
⑪You turn left at Greenland. ★How do you find ~ （～をどう思うか）を「～はどうすれば見つかるか」という意味に取って冗談で返したもの。

Greenland（グリーンランド）は大西洋北部の島。

　僕らは、マネジャーにこう言っていました、「いいかい、（アメリカのヒットチャートで）1位のレコードが出るまでは、アメリカには行かないからね」と。アメリカ上陸というのは、考えてみると、かなり思い切った行動だったのです。というのも、僕らは、イギリス出身のほかのスターがアメリカにやって来て、その他大勢として消えていくのを見てきましたから。

　そして、とうとうやりました。「抱きしめたい」で、僕らは（アメリカのチャートの）1位を取りました。売り上げも急上昇しました。僕らは「これでアメリカに行けるぞ！」と言いました。ですから、ちょっとした成功の波に乗ってこの国に来たのです。僕らは、それなりに自信を付けていました。でも、自分たちの音楽（ロック）の本拠地に来ることに、本当に、とてつもなく興奮していました。

　僕らは、とても興奮していました。飛行機を降り、例のものすごい熱狂に迎えられました。それから記者会見に臨んで、これはいつも話していることだと思いますが──報道陣が「アメリカをどう思いますか？」と聞いたのです。そこで僕らは「グリーンランドで左折すると見えます」と答えたものです。（笑い声）

| 用 語 解 説 |

❶“I Want to Hold Your Hand”「抱きしめたい」　★1963年に発表されミリオンセラーとなったビートルズの曲。アメリカではこの曲の大ヒットを受けて前作の「シー・ラヴズ・ユー」などもヒットし、ビートルズの人気が決定的なものとなった。

TRACK 33

Speaking ①Words of Wisdom

Interviewer: Paul, the choice of ❶"Let It Be" ②sums up the concert and the documentary. But what actually ③inspired the writing of it more than 40 years ago?

McCartney: "Let It Be" happened during a time when there was, kind of, a lot ④going on. I think people were ⑤overdoing the use of ⑥substances. We certainly were.

And it was kind of common. It was the fashion. And anyone who remembers that time will know that. And I think I was getting, like, a little bit ⑦over the top with the whole thing, getting pretty tired and pretty ⑧wasted. And I went to bed one night and, er, had a kind of ⑨restless night. But I had a dream where my mother, who'd been dead at that point for about 10 years, came to me in the dream, and she could, it was as if she could see that I was ⑩troubled. And she sort of said to me, she said, "Let it be."

| 語 注 |

①words of wisdom　賢明な教え、金言　★見出しになっている speaking words of wisdom は、ビートルズの曲「レット・イット・ビー」(右ページ参照) の歌詞の一節。
②sum up ～　～を締めくくる、～をまとめる
③inspire　～に着想を与える
④go on　起こる、発生する

⑤overdo　やり過ぎる、使い過ぎる
⑥substance　物質、薬物
⑦over the top　度を超して
⑧wasted　消耗して、もうろうとして
⑨restless　気持ちの落ち着かない、眠れない
⑩troubled　問題を抱えた、悩んだ

夢の中のお告げ

インタビュアー：ポールさん、「レット・イット・ビー」という選曲で、コンサートとドキュメンタリーが締めくくられます。ところで、40年以上前に、実際、何がきっかけで、この曲が生まれたのですか？

マッカートニー：「レット・イット・ビー」は、いろいろなことが起きているときに生まれました。あの頃人々は、薬物を過剰に摂取していたと思います。僕らに関しては確かにそうでした。

　それが、割とよくあることだったのです。流行していたのです。あの当時を覚えている人なら誰でも知っているでしょう。それで、僕は、何もかもがちょっと限界を超えてしまって、疲れ切って、かなりもうろうとしていました。そんなある晩、ベッドに入って眠れぬ夜を過ごしていました。でも夢を見て、その夢の中に、当時亡くなって10年たっていた母が現れました。母には、僕が問題を抱えているのがわかるようでした。そして、こんなことを言ったのです、"Let it be."（そのままでいいのよ）と言ったのです。

| 用 語 解 説 |

❶"Let It Be"　「レット・イット・ビー」
　★1970年に発表されたビートルズの曲。let it beは「あるがままにしておく、そのまま放っておく」の意。

And I remember quite clearly her saying, y'know, "Let it be," and, "It's gonna be OK, don't worry," you know, "Let it be." And I woke up, and I remembered the dream, and I thought, "Well, that's a great idea," you know. And I, I then sat down and wrote the song, using the feeling from that dream and of my ①mum, er, coming to me in the dream.

I think, then, when I said mother Mary, meaning my mother, I had mother Mary, father James — er, she was a good ②Catholic girl —when I put that in the song, I think a lot of people then thought it's become kind of ③quasi religious with ④Mother Mary, Virgin Mary, which is fine by me, you know, if that's how you wanna take it. The actual reason was my mum came to me in a dream and actually said, "Let it be," which ⑤turned out to be great advice. Thanks, Mum.

│ 語 注 │

① mum 母さん、ママ ★イギリス英語。発音は[mˆm]。アメリカ英語では mom [mάm]。
② Catholic （ローマ）カトリック教徒の ★＝Roman Catholic。
③ quasi ある程度、ある意味で ★発音は[kwάːzi] [kwéizai]など。
④ Mother Mary 聖母マリア ★イエス・キリストの母。次のVirgin Mary（聖

処女マリア）も同じ。
⑤ turn out to be ~ ～であるとわかる、結果的に～となる

　母が「そのままでいいのよ」と言ったのをとても鮮明に覚えています、それから「きっと大丈夫だから、心配しないで」とね、「あるがままで」と。目が覚めてもその夢を覚えていた僕は、「ああ、これはいいな」と思ったんです。それから、座って曲を書きました、夢での感覚と、母が夢の中で僕に会いに来てくれた気持ちに乗せて。

　そのとき、（歌詞の中で）母を指して mother Mary と言ったとき——僕の母はメアリーで父はジェームズだったのですが——母は敬虔なカトリック信者の女性でした。その言葉を曲に入れた結果、これを Mother Mary つまり「聖母マリア」が出てくる、ある意味で宗教的な曲になっていると考えた人も多かったと思います。それでも、僕としては構いません、（聞く人が）そう取りたいのであればね。実のところは、母が夢に出てきて実際に "Let it be." と言ったからなんですが、それが結果として、素晴らしいアドバイスになったのです。ありがとう、母さん。

Musical Magic

Interviewer: People say that music has a ①transformative healing power, you know, because there's something about music that speaks to a global audience and calms people in times of ②crisis — more so than ③late-night comedians or political speeches — and I wonder if you've ever thought about that.

McCartney: Well, I've thought of that a lot, you know, 'cause that's my ④game. I've ⑤come to the conclusion that it's magical. You know, there's so much — ⑥what is it? — ❶Shakespeare — ❷"There's more in heaven and earth than are dreamed of in your philosophy." There's so much that we don't know about. When you ⑦get down to the scientific thing about music, it's ⑧vibrations, and you can actually measure them. ⑨E is so many, you know, a ⑩piano tuner — what is it? — 400 ⑪thingies. It's very ⑫measurable.

│語 注│

①transformative　変化をもたらすような、性質を変えてしまうほどの
②crisis　危機、難局
③late-night　深夜の
④game　得意分野、仕事
⑤come to the conclusion that ...　……という結論に達する
⑥what is it?　何だっけ　★何かを思い出そうとしているときに差し挟む。

⑦get down to ~　~に取り組む、~を突き詰めて考える
⑧vibration　振動
⑨E　★ピアノ調律の基準音であるA（「ラ」の音）の言い間違いと考えられる。
⑩piano tuner　★「ピアノ調律師」という意味だが、ここでは「ピアノ調律に用いる道具（tuning fork [音叉]）」を指していると考えられる。
⑪thingy　例のあれ、何とかいうやつ　★名前が出てこないときや具体的に言

いたくないときに使われる。400 thingiesは、Aの音の周波数に近い「400ヘルツ辺り」のことを言おうとしている。
⑫measurable　測定可能な

音楽の魔法

インタビュアー：音楽には人生を変えるほどの癒やしの力があると言われます。音楽には世界中の人々に語り掛ける力があり、危機のさなかにある人々の心を鎮める何かが——深夜番組のコメディアンや政治演説よりずっと——ありますから。そういうことをお考えになったことがあるかどうか、お伺いしたいのですが。

マッカートニー：ええ、それについては大いに考えてきましたよ、僕の本職ですからね。僕は、音楽は魔法だという結論に達しました。ほら、多くのことが——何だったかな？　シェークスピアの——「天と地には、人の哲学で考えもつかないことが、まだまだある」。僕らの知らないことがとてもたくさんあるんですよ。音楽を科学的な面から見ると、あれは振動で、実際に計測することもできます。Eの音はとても多くの、ね、ピアノの調律をする道具は——何だったかな？——（1秒間の振動数が）400幾つかです。ちゃんと計測できるんです。

｜用語解説｜

❶Shakespeare　シェークスピア　★
(1564-1616)。イングランドの劇作家、
詩人。
❷There's more in heaven and earth
than are dreamed of in your
philosophy.　天と地には、人の哲学で
は夢にも思わないようなことが、まだ
まだある　★悲劇「ハムレット」からの
引用。ハムレットがホレイショーに言

ったせりふで、正しくは There are
more things in heaven and earth,
Horatio, / Than are dreamt of in your
philosophy.

But the fact that it's vibrations ①working on people, so I think that's part of the answer. It's kind of, ②physically a very interesting subject. And I think in the future, I think, there will be more scientific answers than I can give you. But I think what happens, then, with this scientific ③feature of it is that it, it hits your emotions. And as you said, it's global. Er, the language doesn't matter.

And I think ④as time goes on, we probably will discover more. But the fact remains that whether we discover how it works, it works. And it can ⑤bring you to tears. It can make you smile. It can make you ⑥flash back to a memory. You know, people often say, "Thank you for the music" to me, say, "It's the soundtrack to my life."

It's one of the things I'm most proud of, actually, to have ⑦lucked out to be in a ⑧profession like this where I can actually help, heal, let people ⑨get in touch with their emotions, and me, ⑩by the way, at the same time.

| 語 注 |

① work on ~ 　～に働き掛ける、～に
作用する
② physically 　物理的に、物理学上
③ feature 　特性
④ as time goes on 　時がたつにつれ、
そのうち
⑤ bring ~ to tears 　～を涙ぐませる、
～の涙を誘う 　★bring tears to ~'s
eyes と move ~ to tears との混成。

⑥ flash back to ~ 　～を回想する、～
を思い出す
⑦ luck out 　幸運に恵まれる
⑧ profession 　（専門的）職業
⑨ get in touch with ~ 　～に接触する、
～（感情など）に触れる
⑩ by the way 　その途中で、ついでに

　でも、事実として振動が人間に作用しているわけで、それが答えの一部だと思います。これはまあ、物理的に非常に興味深いテーマです。そして将来的には、僕が今お伝えできる以上の科学的な答えが出るだろうと思います。でも、どういうことかというと、僕が思うに、じゃあ音楽のその科学的特性によって何が起こるのかというと、それが感情に訴える。そして、あなたがおっしゃったように、それは世界共通です。言葉は関係ないんです。

　そして、時がたつにつれ、たぶんもっと多くのことが解明されるでしょう。でも、どう作用するのか解明されてもされなくても、作用するという事実は残ります。それが涙を誘うこともあります。笑顔にしてくれることもあります。思い出を呼び起こすこともあります。ほら、みんながよく言うんですよ、僕に「あの音楽をありがとう」って、そして「あれは私の人生のサウンドトラックです」って言うんです。

　これは、僕が最も誇りに感じることの一つです。本当に、こんな職業に就く幸運に恵まれて、実際に人を助けたり、癒やしたり、その人自身の感情に触れさせたり、できるんですから。そのついでに、同時に僕自身についてもね。

①For instance, I mean, a story, just to quickly sum up, is my, one of my most famous songs is ❶"Yesterday." And like "Let It Be," "Yesterday" came to me in a dream, but at this time, it wasn't just my mum saying a phrase. This was a whole ②tune that was in my head. I ③had no idea where it came from. Er, the best I can think is that my computer, through the years, ④loaded all these things and finally printed out this song in a dream, kind of thing.

But I certainly had this song that was to become very famous in the world, and I just dreamed it. So ⑤there's no way out of it for me. I have to believe that that's magical. I have no other ⑥rational explanation for it. Anyway, thanks for that question. But it is, it's a great, great thing, and I love the fact that it can reach people and touch their hearts in the way that it can.

Coordinated by Jordan Riefe
Narrated by Jeff Manning

| 語 注 |

①for instance　例えば
②tune　旋律、メロディー
③have no idea　まったくわからない、見当も付かない
④load　～（データなど）を読み込む
⑤there's no way out of ~　～から逃れようがない　★way out of ~ は「～からの脱出方法」の意。
⑥rational　合理的な

　例として、簡単に説明するための話をすると、僕の最も知られた曲の一つに、「イエスタデイ」があります。「レット・イット・ビー」と同じように、「イエスタデイ」も夢に現れたのですが、この場合は、母がひと言だけ口にしたのとは違います。この曲は、メロディー全体が僕の頭の中に流れたのです。それがどこから来たのか、まったくわかりませんでした。僕に考えつくのはせいぜい、僕のコンピューター（脳）が長年かけてさまざまな情報を蓄えて、最終的に夢の中でこの曲をプリントアウトした、みたいなことくらいです。

　でも、後に世界中でとても有名になるこの曲が、確かに浮かんでいて、夢に見たのです。ですから、その事実から逃れることはできません。僕には、あれは魔法だ、と考えるしかありません。ほかの合理的な説明ができないのです。とにかく、この質問をしてくれてありがとう。それにしても、音楽は素晴らしいものですし、音楽ならではの方法で、人々の元に届き、心に触れることができるという事実を、とてもうれしく思っています。

（訳：挙市玲子）

| 用 語 解 説 |

❶ "Yesterday"　「イエスタデイ」　★
1965年に発表されたビートルズの曲。

Vocabulary List

A

☐ as time goes on　時がたつにつれ、そのうち

B

☐ by the way　その途中で、ついでに

C

☐ come to the conclusion that . . .　……という結論に達する

E

☐ eventually　最終的に、とうとう

F

☐ fade into the general scene　目立たなくなる、影が薄くなる　★＝ fade into the background。

☐ feel good about oneself　いい気分になる、自信を感じる

☐ first of all　第一に、まず

☐ flash back to ~　~を回想する、~を思い出す

☐ footage　（記録）映像

☐ for instance　例えば

G

☐ game　得意分野、仕事

☐ get down to ~　~に取り組む、~を突き詰めて考える

☐ get in touch with ~　~に接触する、~（感情など）に触れる

☐ go on　起こる、発生する

H

☐ have a handle on ~　~を把握している、~を理解している

☐ have no idea　まったくわからない、見当も付かない

☐ hit the roof　（売り上げなどが）急激に伸びる

☐ hysteria　狂乱状態、大興奮

L

☐ luck out　幸運に恵まれる

M

☐ measurable　測定可能な

O

☐ on a wave of ~　~の波に乗って

☐ over the top　度を超して

☐ overdo　やり過ぎる、使い過ぎる

☐ overnight success　一夜のうちに得た成功、急速に成功を遂げた人

Q

☐ quasi　ある程度、ある意味で

R

☐ rational　合理的な

☐ restless　気持ちの落ち着かない、眠れない

S

☐ schlep around　（苦労して）歩き回る

☐ sum up ~　~を締めくくる、~をまとめる

T

☐ there's no way out of ~　~から逃れようがない　★ way out of ~ は「~からの脱出方法」の意。

☐ transformative　変化をもたらすような、性質を変えてしまうほどの

W

☐ wasted　消耗して、もうろうとして

☐ words of wisdom　賢明な教え、金言

☐ work on ~　~に働き掛ける、~に作用する

理 解 度 チ ェ ッ ク

インタビューの内容に一致するものは □ Yes を、一致しないものは □ No をチェックしてください。

※質問の難易度の表示は、A＝易しい、B＝普通、C＝難しい、を表します

目標正答数	初級レベル▶ ☑ 3問以上	中級レベル▶ ☑ 6問以上	上級レベル▶ ☑ 8問以上

Questions		Yes	No
1	ポール・マッカートニーはニューヨークについて、家族や関係者の他に、開催したコンサートを思い浮かべると述べている。　　(難易度 A)	☐	☐
2	マッカートニーによると、ザ・ビートルズは有名になるまでに下積みの期間を体験した。　　(難易度 B)	☐	☐
3	ザ・ビートルズが初めてアメリカを訪れたとき、彼らはヨーロッパでまだ無名の存在だった。　　(難易度 A)	☐	☐
4	ザ・ビートルズはアメリカツアーを開始するまで、自分たちに批判的なことを言う人々には会ったことがなかった。　　(難易度 B)	☐	☐
5	ザ・ビートルズは、レコードが１位になるまでアメリカへは行かないとマネジャーに宣言した。　　(難易度 A)	☐	☐
6	ザ・ビートルズはアメリカを初めて訪れるまでに、多くのイギリスのバンドがそこで成功するのを見ていた。　　(難易度 B)	☐	☐
7	マッカートニーの「レット・イット・ビー」は、夢に出てきた亡き母親の言葉がきっかけで誕生した。　　(難易度 A)	☐	☐
8	マッカートニーの考えでは、音楽には言語の違いを超えて、人々の感情を動かす力がある。　　(難易度 B)	☐	☐
9	マッカートニーは、自分自身が音楽で癒やされる体験は滅多にないと語っている。　　(難易度 C)	☐	☐
10	マッカートニーによると、「イエスタデイ」作曲のきっかけは、断片的なメロディーを夢で聞いたことである。　　(難易度 C)	☐	☐

答え：Q1. Yes／Q2. Yes／Q3. No／Q4. No／Q5. Yes／Q6. No／Q7. Yes／Q8. Yes／Q9. No／Q10. No

Elton John &
David Furnish

エルトン・ジョン■1947年3月25日、イギリス生まれ。「僕の歌は君の歌」（70）、「ロケット・マン」（72）、「キャンドル・イン・ザ・ウィンド」（73）など数々のヒット曲を持つ。92年にエルトン・ジョン・エイズ財団（EJAF）を設立。慈善活動や音楽業界への貢献に対して、98年にイギリス女王からナイトの称号を授与された。

デヴィッド・ファーニッシュ■1962年10月25日、カナダ生まれ。広告代理店役員としてロンドンに派遣されていた93年にエルトンと知り合い交際。その後、映画製作に携わる。2014年にエルトンと同性結婚。代理出産で2児を授かり共に育てる。

Elton John & David Furnish

TRACK **35**

■収録日：2018年7月24日　■収録地：アムステルダム（オランダ）

▶エルトン・ジョン

| スピード | 速め | 語彙 | やや難しい | 発音 | 明瞭 |

▶デヴィッド・ファーニッシュ

| スピード | 速め | 語彙 | やや難しい | 発音 | 明瞭 |

「孤独と偏見の壁を打ち破った社会派ミュージシャン」

"There's always some problem or other, but there's always a solution."

「常に何かしらの問題はありますが、解決法も必ずあるのです」

Naoki Ogawa's Comment

エルトンのちょっと力のぬけたような話し振りは、品のいい英語の特徴だ。ただし少しばかり大衆的な訛り（イングランド南部訛り）がある。p.162、トラック38最終行の bright light の語末の [t] が聞こえなくなっている。ただアデル（Interview 9）のように始終 [t] を落とすわけではない。むしろぞんざいな発音に聞こえさせるために、あえて [t] を落としているのかもしれない。なお、predecessor（p. 154、5行目）の強勢音節は、英 [priːd]、米 [prɛd]。

デヴィッド・ファーニッシュはつぶやくような声ながら、エルトンより聞きやすい。北米英語は強勢母音が大げさに強勢されるためだ。p. 156後半の2段落を比べるとそれがよくわかる。エルトンは全体に速く、つかみどころがない。一方、ファーニッシュは visibility、humanity、boycott などがはっきり耳に残る。二人の英語を対比すると、英米の英語の発音の差、そして英国英語の聴解の難しさが理解できるだろう。

写真：REX/ アフロ

We Could End It Now

Interviewer: Why do you think it's so important to keep the ①dialogue on ②HIV going?

Elton John: We were finding that men between the age of 24 and 35 weren't getting tested and obviously were ③infecting a lot of women. And we saw a huge, um, ④jump, and, and women's HIV rate ⑤going through the roof. And after we'd, we were in ❶Durban, weren't we, and we were sitting in our ⑥suite with ❷Ndaba Mandela, ❸Nelson Mandela's grandson, and he said, "You know, I come from a generation of men that don't really get tested."

David Furnish: He also said, "The disease ⑦isn't relevant to my generation." Which, for Elton and me, was a bit of a ⑧eureka moment, 'cause it's been so ⑨prevalent in our lives.

But he said, "To the younger African man," he said, "it, it carries all of this ⑩baggage from where it's come from, and all the ⑪stigma ⑫associated with what HIV meant in the '80s and the '90s. And we needed to kind of ⑬reposition it in a way that your knowing your ⑭status and understanding your status was something to, to ⑮own with pride and with a sense of responsibility."

語 注

① dialogue 対話、話し合い
② HIV ヒト免疫不全ウイルス ★= human immunodeficiency virus。
③ infect ～を感染させる、～に（病気を）うつす
④ jump （数値の）急激な伸び、急上昇
⑤ go through the roof 急激に上昇する、予想外に上昇する
⑥ suite （ホテルの）スイートルーム

⑦ be relevant to ~ ～に関連がある、～にとって今日的な意味のある
⑧ eureka moment 新たな発見があった瞬間、目からうろこが落ちるような瞬間 ★eurekaは「わかったぞ、そうか」という意味のギリシャ語由来の単語。発音は[ju(ə)ri:kə]。
⑨ prevalent 広まった、まん延した
⑩ baggage 抱えているもの、重荷
⑪ stigma 汚名、悪いイメージ、偏見
⑫ associated with ~ ～に関連する、

～から連想される
⑬ reposition ～を再配置する、～の位置を変える
⑭ status ★= HIV status。HIVが陽性か陰性かの状態、HIV検査結果のこと。
⑮ own ～を（自分の責任として）認める

今なら終わらせられる

インタビュアー：HIVに関する対話を続けることがとても大切だとお考えになる理由は何ですか？

エルトン・ジョン：24歳から35歳の男性が（HIVの）検査を受けておらず、多くの女性を感染させていることがわかってきました。そして、数値の急上昇が見られ、女性のHIV感染率が急激に高まっていることがわかったのです。また、ダーバンを訪れた後、ネルソン・マンデラの孫のンダバ・マンデラと、私たちのスイートルームで同席したのですが、彼が言ったのです、「実は、私もきちんと検査を受けていない世代の人間です」と。

デヴィッド・ファーニッシュ：彼は「この病気は、自分の世代にとって関わりの深い問題ではないのです」とも言っていました。それはエルトンと私にとって、ちょっとした発見の瞬間でした。というのも、この病気はわれわれの人生においてとても大きな部分を占めていたので。

　ところが彼は言うのです、「アフリカの若い世代にとっては」、彼はこう続けました、「この病気は、その発見以来つきまとう重荷を抱えていて、HIVが80年代や90年代に持っていた意味合いから連想される偏見も抱えています。ですから、私たちはその位置付けを変える必要がありました、自分が陽性なのか陰性なのかを知ること、自分の検査結果を理解することは、誇りと責任感をもって向き合うべき事柄なのだ、というふうに」。

| 用 語 解 説 |

❶Durban　ダーバン　★南アフリカ東岸にある港湾都市。
❷Ndaba Mandela　ンダバ・マンデラ　★（1982-）。ネルソン・マンデラの孫で、南アフリカの作家、社会活動家。
❸Nelson Mandela　ネルソン・マンデラ　★（1918-2013）。南アフリカのアパルトヘイト（人種隔離政策）反対運動家で、黒人初の大統領（在任1994-99）となった。

Elton: It's so ①frustrating, because here we sit in ❶Amsterdam. You've been to a lot of these things. And every two years, we come here and we make a lot of progress, and people are getting more ②treatment, they're having a healthier life, but not enough is changing in the fact that not enough people are getting the drugs. The drugs are too expensive, um, in the case of ❷PrEP. And also governments, being ③homophobic, sending people ④underground, and the people at, the ⑤marginalised people in life are getting ⑥left behind. And, of course, ❸our ai—organisation, it's always said, "No one gets left behind." So you ⑦come across this stigma.

I'm sitting up there today and doing the Q&A and thinking, "This is ⑧ridiculous." We have the drugs to stop this disease now. And ⑨all it takes is for ❹Putin, ❺Trump, ❻Merkel, ❼Macron, ❽Trudeau to say, "OK, let's . . ." — the president of China — to say, "Right, let's do one great ⑩humanitarian thing. Let's just end this disease." They can do it ⑪like that. *(snaps fingers)*

| 語 注 |

①frustrating　じれったい、もどかしい
②treatment　治療、手当て
③homophobic　同性愛嫌悪症の、同性愛を毛嫌いした
④underground　潜行した、表に出ない
⑤marginalise　～を周縁化する、～を主流社会からはじき出す　★イギリス式つづり。アメリカ式では marginalize。
⑥leave ~ behind　～を置き去りにする、～を取り残す
⑦come across ~　～に出くわす、～（障害など）にぶつかる
⑧ridiculous　ばかげた、言語道断の
⑨all it takes is ~　必要なのは～だけである
⑩humanitarian　人道的な
⑪like that　あっという間に、簡単に
★指を鳴らしながら「こんなふうに一瞬で」という意味で使われている。

エルトン：とてももどかしい思いです。というのも、私たちはこうやってアムステルダムで（国際エイズ会議に）出席しています。こうしたさまざまな催しに参加してきました。そして、2年おきにここ（エイズ会議）に来ると大きな前進があり、人々は受けられる治療法が増え、より健康的な生活を送れるようになっているのですが、それでも変化が十分だとは言えません、薬が行き渡っていないという事実があるので。暴露前予防投薬の場合には、薬が高価過ぎるのです。それに各国政府も、同性愛嫌悪に駆られて、人々を目の当たらない場所へと追いやっており、生活面ではじき出された人々は取り残されています。もちろん、私たちの財団では、「誰も取り残しはしない」と常に言っていますが。こんなふうに、こうした偏見が立ちはだかるのです。

　私は今日、あの（会議の）席に座って質疑応答を行いながら考えていました、「これはひどい話だ」と。今の私たちにはこの病気を食い止める薬があります。ですから、あと必要なのは、プーチンやトランプやメルケルやマクロンやトルドーが、「よし、では……」と言うだけ――中国の国家主席が――「よし、一つ素晴らしく人道的なことをやろう。この病気を終わらせてしまおう」と言うだけです。彼らなら、こんなふうに一瞬でできるはずです。（指を鳴らす）

| 用語解説 |

❶**Amsterdam** アムステルダム ★オランダの首都。2018年の第22回国際エイズ会議の開催地。国際エイズ会議は2年ごとに開催されている。
❷**PrEP** 暴露前予防投薬 ★＝pre-exposure prophylaxis。感染リスクの高い状況に置かれている人が普段から予防的に抗HIV薬を飲むこと。
❸**our organisation** ★ Elton John

AIDS Foundation（エルトン・ジョン・エイズ財団）を指す。エルトンが1992年アメリカ、93年イギリスで設立。エイズ撲滅、感染予防、感染者支援などに取り組む。organisation はイギリス式つづり。アメリカ式では organization。
❹**(Vladimir) Putin**（ウラジーミル・）プーチン ★(1952-)。ロシア大統領。
❺**(Donald) Trump**（ドナルド・）トランプ ★(1946-)。第45代アメリカ大統領。共和党。

❻**(Angela) Merkel**（アンゲラ・）メルケル ★(1954-)。ドイツ首相。
❼**(Emmanuel) Macron**（エマニュエル・）マクロン ★(1977-)。フランス大統領。
❽**(Justin) Trudeau**（ジャスティン・）トルドー ★(1971-)。カナダ首相。

President Trump has the ability to say, "I wanna keep ❶PREPBAR going and I want to be the president that ended ❷AIDS." And if he said that, I would back him up ①to the hilt. And I don't care what he called it. He can call it TrumpFAR, he can wha—do whatever he does. But he has the ability to say, "My ②predecessors, ③Republican predecessor was President ❸George Bush, he ④instigated this ❹PREPFAR and it was a ⑤bipartisan thing."

Then ❺the Obamas took it for eight years, and it continued. It's still continuing. But he has the ability to say, "It will continue, and I can, I have the ability to become the president that ended AIDS." ⑥Who knows?

| 語 注 |

① to the hilt　徹底的に、全面的に
② predecessor　前任者
③ Republican　共和党の
④ instigate　～を引き起こす、～を推進する
⑤ bipartisan　両党の、超党派の
⑥ Who knows?　先のことは誰にもわかりませんよ。ひょっとしたらひょっとするかもしれませんよ。

　トランプ大統領は、「これからもPEPFARを継続したいし、『エイズを撲滅した大統領』になりたい」と言うことができます。彼がもしそう言ったら、私は全力で彼を応援します。彼がそれをどう呼ぼうと気にしません。TrumpFARと呼んでもいいし、どう呼んでも——好きなようにすればいい。でも彼にはこう言うだけの力があるのです、「私の前任者、共和党の前任者はジョージ・ブッシュ大統領で、彼がPEPFARを立ち上げました、それは超党派のものでした」と。

　その後、オバマ夫妻が8年間それを引き継いで、継続しました。今も継続しています。でも彼（トランプ大統領）にはこう言う力があるのです、「これからも継続しましょう、それに私には、『エイズを撲滅した大統領』になれる力があります」と。ひょっとしたら実現するかもしれませんよ？

|用語解説|

❶PREPBAR　★PEPFAR（＝President's Emergency Plan for AIDS Relief、米大統領エイズ救済緊急計画）の言い間違い。2003年にジョージ・（W・）ブッシュ米大統領が立ち上げ、歴代米大統領が引き継いでいる。世界規模のエイズ対策を行う。
❷AIDS　エイズ、後天性免疫不全症候群　★＝acquired immune deficiency syndrome。HIV（ヒト免疫不全ウイルス）を原因として発症する。
❸George (W.) Bush　ジョージ・（W・）ブッシュ　★(1946-)。第43代アメリカ大統領（在任2001-09）。共和党。
❹PREPFAR　★PEPFARの言い間違い。
❺the Obamas　オバマ一家　★名字＋sで「〜家」を指す。ここではバラク・オバマ（Barack Obama）第44代アメリカ大統領（在任2009-17）とミシェル夫人（Michelle Obama）のこと。

Out of the Shadows

Interviewer: The stigma against HIV remains ①disturbingly strong in Russia and many other countries, doesn't it?

Furnish: Yeah, and in a place like Russia, Elton will, will make a ②statement from the stage, where he will talk about the ③spirit in which he is received and the spirit in which he is welcomed. And, you know, having gone to Russia since ●1979, and being ④greeted with open arms, he says, "Look, I'm an ⑤openly gay man. You've accepted me, you've accepted my music. You need to put that same spirit into your everyday lives. And when you go outside the walls of the stadium, and when you ⑥interact with people, you know, let that whole spirit ⑦run through your ⑧day-to-day activities."

Elton: It's a thing as a musician that you can ⑨break down barriers like that. It's like being a sportsman or a musician seems to be able to ⑩bring people together. It's a ⑪common denominator.

Furnish: But it's better to ⑫go and give the issue ⑬visibility and to give it ⑭humanity than it is to ⑮boycott and stay at home. That doesn't help anybody ⑯on the ground there.

| 語 注 |

①disturbingly　不安になるほど、憂慮されるほど
②statement　声明、発言
③spirit　精神性、心持ち
④greet ~ with open arms　両手を広げて~を迎える
⑤openly gay man　同性愛者であることを公にしている人
⑥interact with ~　~と交流する

⑦run through ~　(川などが) ~を流れる、~に行き渡る、~に広がる
⑧day-to-day　毎日の、日常的な
⑨break down a barrier　壁を打ち破る、障害を取り除く
⑩bring ~ together　~を団結させる
⑪common denominator　(異なる人々が持つ) 共通点　★原義は「公分母」。
⑫go and do　わざわざ~する、あえて~する　★このgo andは、後に続く

動詞を強調する。
⑬visibility　可視性、認知度
⑭humanity　人間性
⑮boycott　ボイコットする、参加を拒否する
⑯on the ground　その場で、現場で

光の当たる場所へ

インタビュアー：HIVに対する偏見は、ロシアをはじめとした多くの国に、驚くほど残っていますね？

ファーニッシュ：そうですね。ですからロシアのような場所で、エルトンはステージ上から呼び掛けるんです、自分を受け入れ、歓迎してくれる（現地の人々の）気持ちを話題にして。それは、ほら、ロシアに1979年から行っていて、両手を広げて迎え入れられているので、彼はこう言うのです、「ほら、私は同性愛者であることを公言している人間です。皆さんは私を受け入れ、私の音楽を受け入れてくれました。その同じ気持ちを日常生活でも発揮してください。スタジアムの壁の外に出たときも、人と交流するときも、その心を余すところなく、日々の活動に生かしてください」と。

エルトン：ミュージシャンとして、そんなふうに壁を打ち破るやり方があるのです。どうやらスポーツ選手やミュージシャンは、人々を結び付けることができるようです。それが共通点ですね。

ファーニッシュ：とにかく、この問題をきちんと目に見えるようにし、人道的にする方がいいのです、ボイコットして自国にとどまるよりも。そんなことでは、現地にいる誰の役にも立ちませんから。

│用語解説│

❶1979　★この年にエルトンがモスクワで行ったライブは、冷戦下のソビエト連邦（当時）では初の西側ロックアーティストによる公演。

Elton: Doesn't help anybody.

Furnish: And when we meet with the local people in Russia from the different ①LGBT groups, they say, "Please don't ②isolate us. They wanna push us into the ③shadows. They wanna ④push us away. They want us to be forgotten about. If you come, you'll be ⑤embraced, you know, in a big, ⑥high-profile way, and you will keep the issue and the fact that we're still here and that we need to be treated with ⑦dignity very much alive."

Elton: And they need to know they're supported.

Furnish: Another issue where we need to ⑧address stigma and address humanity is in how we put our arms around people that are ⑨dealing with ⑩addiction, in the same way that we need to do that for people living with, with HIV/AIDS.

| 語 注 |

①LGBT 性的マイノリティー ★ = lesbian, gay, bisexual and transgender。
②isolate ～を孤立させる
③shadow 人目に付かない場所、目立たない状態
④push ～ away ～を追い払う
⑤embrace ～を(喜んで)受け入れる
⑥high-profile 目立った、注目を浴

びた
⑦dignity 尊厳
⑧address ～ (問題) に取り組む
⑨deal with ~ ～に対処する、～に取り組む
⑩addiction 依存症、常習癖

エルトン：まったく誰の役にも立ちません。

ファーニッシュ：それに、私たちがロシアでさまざまなLGBT団体の人たちに会うと、彼らは言うのです、「私たちを孤立させないでください。当局は私たちを日陰に追いやろうとします。私たちを追い払おうとします。私たちを忘れられた存在にしようとします。あなた方が来てくれれば、大きな注目を浴びながら歓迎されるでしょうし、この問題や、私たちが今も存在していて尊厳ある扱いを必要としているのだという事実に、命を吹き込み続けることになるでしょう」と。

エルトン：彼らには、支えがあるのだという実感も必要です。

ファーニッシュ：偏見に取り組み、人道に取り組む際のもう一つの課題は、HIVやエイズを抱えて生きる人々に対してするのと同じように、依存症と闘う人々をどのように助けるか、という点にあります。

Helping ①Addicts

Interviewer: Talking about addiction, I've heard you ②made many attempts to help the ③late ❶George Michael.

Elton: I tried to help, but you can't help people who don't wanna help themselves.

I've ④learnt that as an addict, er, and I'm 28 years ⑤clean and sober. When people told me when I was using that I was doing the wrong thing, I was so angry, and I just told them to go away — or I actually [used] stronger language than that — um, but I understand George's . . . you know, when I said a couple of things, and he took a, did a whole page interview in ❷Heat magazine saying I should ⑥shut up, and I was just — I understood what his reaction is.

Addiction's a ⑦horrible thing. And two or three of our friends ⑧are mired in addiction at the moment. [The] thing I've learnt: there's nothing you can do till you actually say, "OK. I'm gonna ⑨do something about this."

Furnish: "I need help."

| 語 注 |

①addict 依存症患者
②make an attempt to do ～しよう
と試みる
③late 故～、今は亡き～
④learnt ★learnの過去形・過去分詞
のイギリス式つづりで、発音は[lɔ́ːrnt]。
アメリカ式ではlearned。
⑤clean and sober 薬物やアルコー
ルを断った ★soberは「しらふの、酒

(薬物)の影響がない」の意。
⑥shut up 口を閉じる、黙る ★命
令形で使われることが多く、かなりき
つい言い方。
⑦horrible ひどい、恐ろしい
⑧be mired in ～ ～にはまり込んでい
る、～から抜け出せずにいる
⑨do something about ～ ～を何と
かする、～に何か手を打つ

依存症患者を救うには

インタビュアー：依存症といえば、亡くなったジョージ・マイケルさんを救おうと何度も試みたそうですね。

エルトン：救おうとはしましたが、自分で自分を救う気がない相手を救うことはできません。

　それを学んだのは私自身が依存症の立場だったからです、依存症から立ち直って28年たちますが。それ（薬物）を使用していた頃、間違ったことをしていると周りに言われても、私は怒り狂って、あっちへ行けと——実際はそれよりもっと強い言葉で——言うばかりでした。でもジョージのことは理解できます……ご存じのとおり、私がちょっと意見をしたところ、彼は『ヒート』誌で丸1ページに及ぶインタビューを受け、私に黙れと言っていましたが、私は——私には、彼の反応が理解できました。

　依存症とは恐ろしいものです。今この瞬間にも、私たちの友人が2〜3人、依存症にからめ捕られています。私はこう学びました、本人が実際に「よし、これをどうにかするぞ」と言うまでは、何もできることがないのだと。

ファーニッシュ：「助けてほしい」と。

┃ 用 語 解 説 ┃

❶George Michael　ジョージ・マイケル　★(1963-2016)。イギリスのミュージシャン。ポップデュオ、ワム！の元メンバー。エルトンとはデュエット曲を発表するなど親交が深かったが、薬物問題を抱え、エルトンに忠告されていた。
❷Heat　★芸能・ゴシップを扱うイギリスの週刊誌。

Elton: "I need help." It's the same with people who are HIV ①positive once they know their status. And that's what we're doing with ❶this program in Africa. Then it will ②empower young men to be able to be able to say, "OK, we're gonna get tested and we'll stop the ③infection rate of young women going up like that."

Um, so, you know, there's always some problem or other, but there's always a ④solution, there's always a bright light on the horizon.

TRACK 39

❷Brexit's Impact

Interviewer: Any idea what the effects of Brexit on health will be?

Elton: It's like walking through ❸[the] Hampton Court Maze ⑤blindfold, being turned around 16 times and trying to find your way out. I don't think people in Britain were told the truth, ⑥to start with. Don't think they knew exactly what they were ⑦voting for. They were promised something that was completely ridiculous. And it, it wasn't ⑧economically ⑨viable. Um, and then it's gotten so ⑩complicated now that I just don't know what's ⑪going on.

| 語 注 |

①positive （病気の検査反応が）陽性の、感染が確認された
②empower A to do　Aに〜する力を与える、Aが〜できるようにする
③infection　感染
④solution　解決法、対策
⑤blindfold　目隠しをされた
⑥to start with　最初に、そもそも
⑦vote for ～　〜に賛成票を投じる

★EU離脱の是非を問う2016年の国民投票で、離脱への賛成票が反対票を上回ったことを指す。
⑧economically　経済的に
⑨viable　実行可能な
⑩complicated　複雑な、込み入った
⑪go on　起こる、進行する

エルトン：「助けてほしい」とね。これは、自分の状態を知ったHIV陽性の人たちも同じです。それこそが、私たちがこのプログラムを使ってアフリカで行っていることです。「よし、みんなで検査を受けるぞ、そして、こんなふうに上昇している若い女性の感染率に歯止めをかけよう」と、若い男性たちが言えるようになるように、後押しすることになるのです。

　ですから、常に何かしら問題はあるのですが、解決法も必ずあるのです、地平線のかなたに必ず明るい光が差すのです。

EU 離脱問題の影響

インタビュアー：イギリスのEU離脱が健康問題にどんな影響を及ぼすか、ご意見はおありですか？

エルトン：ハンプトン・コートの迷路の中を、目隠しで16回もぐるぐる回されてから、出口を探して歩くみたいなものです。イギリス国民は、そもそも真実を知らされていなかったのだと思います。自分たちが何に賛成票を投じているのか、きちんとわかってはいなかったのだと思います。まったく荒唐無稽なことを約束されたのです。それに、経済的に実行不可能なことでした。やがてあまりにも複雑になってしまったので、今では何がどうなっているのかわかりません。

| 用 語 解 説 |

❶this program in Africa　★
PEPFARとエルトン・ジョン・エイズ財団は、特にサハラ以南のアフリカでのエイズ対策や、性的マイノリティーへの支援に力を入れている。

❷Brexit　イギリスのEU離脱　★
Britain（イギリス）とexit（離脱）を組み合わせた造語。2020年1月31日をもってイギリスはEUから離脱したが、同年12月31日までは移行期間とされている。

❸[the] Hampton Court Maze　ハンプトン・コート宮殿の迷路　★（maze＝迷路）。ロンドンのハンプトン・コート宮殿にある、人の背丈より高い生け垣で作られた巨大な迷路。

There's a new ①cereal called Brexit. You eat it and you ②throw up afterwards. *(laughter)*

Furnish: And ③on that note . . .

© *Getty Images*
Narrated by Vinay Murthy

| 語 注 |

①cereal （朝食用の）シリアル ★
Brexitという言葉の響きがシリアルの商
品名みたいだ、ということから冗談を
言っている。
②throw up （食べたものを）吐く、(計
画を)放棄する、断念する
③on that note うまくまとまったと
ころで、ではこの辺で ★話にオチが
付いたり区切りが付いたりするのに合
わせて、会話を切り上げる表現。

　シリアルの新製品でBrexitというのがありましてね。食べても、後で「もどす」んですよ。(笑い)

ファーニッシュ：じゃあ、オチもついたところで……。

(訳：挙市玲子)

Vocabulary List

A

☐ **addiction** 依存症、常習癖

☐ **address** ～（問題）に取り組む

☐ **all it takes is ～** 必要なのは～だけである

☐ **associated with ～** ～に関連する、～から連想される

B

☐ **be mired in ～** ～にはまり込んでいる、～から抜け出せずにいる

☐ **be relevant to ～** ～に関連がある、～にとって今日的な意味のある

☐ **bipartisan** 両党の、超党派の

☐ **blindfold** 目隠しをされた

☐ **bring ～ together** ～を団結させる

C

☐ **clean and sober** 薬物やアルコールを断った

☐ **common denominator** （異なる人々が持つ）共通点 ★原義は「公分母」。

D

☐ **dignity** 尊厳

☐ **disturbingly** 不安になるほど、憂慮されるほど

E

☐ **empower A to do** Aに～する力を与える、Aが～できるようにする

G

☐ **go through the roof** 急激に上昇する、予想外に上昇する

☐ **greet ～ with open arms** 両手を広げて～を迎える

I

☐ **infect** ～を感染させる、～に（病気を）うつす

☐ **instigate** ～を引き起こす、～を推進する

☐ **interact with ～** ～と交流する

L

☐ **leave ～ behind** ～を置き去りにする、～を取り残す

M

☐ **make an attempt to do** ～しようと試みる

☐ **marginalise** ～を周縁化する、～を主流社会からはじき出す

O

☐ **on that note** うまくまとまったところで、ではこの辺で ★話にオチが付いたり区切りが付いたりするのに合わせて、会話を切り上げる表現。

☐ **on the ground** その場で、現場で

P

☐ **prevalent** 広まった、まん延した

☐ **push ～ away** ～を追い払う

R

☐ **reposition** ～を再配置する、～の位置を変える

☐ **stigma** 汚名、悪いイメージ、偏見

T

☐ **throw up** （食べたものを）吐く、（計画を）放棄する、断念する

☐ **to start with** 最初に、そもそも

☐ **to the hilt** 徹底的に、全面的に

U

☐ **underground** 潜行した、表に出ない

V

☐ **viable** 実行可能な

☐ **vote for ～** ～に賛成票を投じる

理 解 度 チェック

インタビューの内容に一致するものは □ Yes を、一致しないものは □ No をチェックしてください。

※質問の難易度の表示は、A＝易しい、B＝普通、C＝難しい、を表します

目標正答数	初級レベル▶ ☑ 3問以上	中級レベル▶ ☑ 6問以上	上級レベル▶ ☑ 8問以上

Questions		Yes	No
1	エルトン・ジョンによると、女性の HIV 感染率は徐々に下がってきている。　(難易度 A)	☐	☐
2	デヴィッド・ファーニッシュは、HIV は彼自身とあまり関わりのない問題だと語っている。　(難易度 A)	☐	☐
3	エルトンは、HIV の暴露前予防投薬にはあまりに高価な薬代がかかると述べている。　(難易度 C)	☐	☐
4	エルトンの考えでは、たとえ大統領であっても HIV の撲滅に役立つことは到底できない。　(難易度 B)	☐	☐
5	ファーニッシュが見たところでは、ロシアではエルトンは聴衆から忘れられた存在である。　(難易度 A)	☐	☐
6	エルトンは故ジョージ・マイケルの薬物依存について意見を述べて、本人から反発されたことがある。　(難易度 A)	☐	☐
7	エルトンは、自分は 28 歳の頃に薬物依存から立ち直ったと言っている。　(難易度 B)	☐	☐
8	このインタビュー時、エルトンの友人は全員が薬物依存から完全に立ち直っている。　(難易度 C)	☐	☐
9	エルトンは、アフリカの若い男性たちが HIV 検査を受けるように支援したいと考えている。　(難易度 B)	☐	☐
10	エルトンの考えによると、イギリスの EU 離脱は同国の経済問題に影響を及ぼさない。　(難易度 B)	☐	☐

答え：Q1. No／Q2. No／Q3. Yes／Q4. No／Q5. No／Q6. Yes／Q7. No／Q8. No／Q9. Yes／Q10. No

Taylor Swift

テイラー・スウィフト■1989年12月13日、ペンシルベニア州生まれ。16歳でカントリーミュージックの歌手としてデビュー。デビューアルバムは『テイラー・スウィフト』(2006)。2作目の『フィアレス』(08)は発売後1週間でおよそ60万枚を売り上げ、グラミー賞最優秀アルバム賞を史上最年少で受賞。19年には『TIME』誌の「世界で最も影響力のある100人」の一人として選ばれた。最新アルバムは8作目となる『フォークロア』(20)。

TRACK **40**

■収録日：2014年10月29日　■収録地：ニューヨーク（アメリカ）

スピード 遅め

語 彙 易しい

発 音 明瞭

「爆発的ヒットで世界を魅了し続けるポップアイドル」

"Songwriting is something that helps me cope with life."

「曲作りは、私が人生を乗り切るのを助けてくれるんです」

Naoki Ogawa's Comment

聞きやすい英語だ。滑舌がはっきりしている。発話速度はゆっくりめだ。声は低く、はっきりしている。米国の若い女性にありがちな、上昇調のイントネーションも少ない（はっきり表れているのは、p. 172、トラック42、5行目の right about it、point in my life、同ページ㉑の drives me crazy くらいだ）。落ち着いた話し方だということだ（トラック41が典型）。収録当時、テイラーは24歳だ。その年齢にもかかわらず、この話し方だ。まさに社会のリーダーであることを感じさせる。日本人の英語は、声が細く高くなりがちだ。だが英語圏では、低い声で話すことが大きな説得力になる。説得力のあるコミュニケーションを考えるなら、テイラーの話し方を参考にしてほしい。

写真：Evan Agostini/Invision/AP/ アフロ

Escape and Comfort

Interviewer: Could you tell us why you love reading so much?

Taylor Swift: I love reading for the same reason I love music. And the reason I ①fell in love with reading books where I could ②escape into a different world, was because in school, if I ③had a bad day and I felt very ④left out or I felt, uh, like I didn't belong or I wasn't invited to something, I could escape to ⑤this other world where I could go to a different place and I could read about other characters' feelings and other characters' lives and their ⑥triumphs and their ⑦downfalls and . . .

　It took me to a place that ⑧alleviated the pain of my reality and that's what music does for me. So, I have always felt there's a ⑨common thread between reading, writing and creating music and enjoying music.

Interviewer: Have you ever ⑩thought about becoming a writer?

Swift: When I was little, I was about 14 — maybe 13, I can't remember — I wrote this book. I wrote, like, a 400-page novel about my life and my friends. It ⑪was ⑫loosely based on my life but it was a different character. It was the main character. But I did it because I had a summer where we spent the summer away from my friends and I missed them, so I just wrote them into a book.

| 語 注 |

①fall in love with ~ ~に心奪われる、~が大好きになる
②escape into ~ ~に逃げ込む
③have a bad day ついていない日である、嫌なことがある
④left out のけ者にされた、仲間外れになった
⑤this ある ★ここでは不定冠詞anの強調形で、自分の頭の中のイメージを話題に持ち出す際に使われる。このページ下から5行目 (this book) のthisも同様。
⑥triumph 勝利、大成功、成功の喜び
⑦downfall 失脚、破綻
⑧alleviate ~を緩和する、~を軽減する
⑨common thread 共通の要素 ★threadは「糸」から転じて「つなげるもの、脈絡」を意味する。
⑩think about doing ~しようと考える
⑪be based on ~ ~に基づいている
⑫loosely 緩く、大まかに

逃避と安らぎ

インタビュアー：読書がそれほど好きな理由を教えていただけますか？

テイラー・スウィフト：音楽が大好きなのと同じ理由で読書が大好きなんです。異世界に逃げ込める読書に夢中になった理由は、学校で、嫌なことがあったり、のけ者にされたような気がしたり、居場所がないように感じたり、何かに誘ってもらえなかったりしても、どこか別の世界へ逃げ出して違う場所に行くことができて、読むことができるからです、ほかの登場人物たちの気持ち、ほかの登場人物たちの人生、彼らの成功や挫折などを……

　読書は自分の現実のつらさを和らげてくれる場所に連れていってくれたんです。音楽もまさに同じです。ですから、読書と執筆と、音楽制作と、音楽を楽しむことは、ずっと、同じ1本の糸でつながっているように感じてきました。

インタビュアー：作家になろうと考えたことはありますか？

スウィフト：小さい頃、14歳ぐらいのとき――13歳かもしれません、覚えていませんが――ある本を書いたんです。自分の日常と友達をテーマにした400ページの小説を書きました。自分の日常に大まかに基づいてはいましたが、（自分とは）異なるキャラクターでした。主人公のことですが。でも、小説を書いたのは、友達と離れたひと夏を過ごして、友達と会いたくなったからで、だから、本の中にその子たちのことを書いたのです。

But since then, I've, you know, ①discovered music and ②that's, kind of, the form of writing that ③inspires me the most.

④It's not to say that I wouldn't expand the ⑤mediums and the ways that I choose to write — I think that, honestly, ⑥looking forward. And I ⑦see my life ⑧hopefully getting to a place where I can ⑨evolve and change, and ⑩what if one day I ⑪end up writing a ⑫script or a book of poetry or something? That would be so ⑬amazing. I would love to see that happen.

TRACK 42 # Keeping Busy

Interviewer: Are you thinking of ⑭slowing down at all?

Swift: I think that artists ⑮take breaks all the time and they, you know . . . Every artist and every person has a different set of priorities, and I'm one of those people who feel really strange about too much ⑯time off. I don't feel right about it ⑰at this point in my life. When I have more than three days of not really doing anything ⑱productive or creative, I start to feel like I might be going ⑲insane.

So, songwriting is something that helps me ⑳cope with life. So, it's not like my job ㉑drives me crazy. Not doing my job drives me crazy. So, I don't see a long break in my ㉒foreseeable future.

| 語 注 |

①discover 〜の良さを知る
②that's . . . the form of writing ★ ここでは songwriting（曲作り）のことを、こう表現している。
③inspire 〜に着想を与える、元気づける
④it's not to say that . . . ……というわけではない
⑤medium メディア、伝達手段、表現媒体 ★本来、複数形は media だが、mediums が使われることもある。
⑥looking forward この先、今後
⑦see A doing A が〜する可能性を想像する
⑧hopefully 望むらくは、できれば
⑨evolve 進化する、発展する
⑩What if . . . ? もし……だったらどうだろうか
⑪end up doing 〜することになる
⑫script 脚本
⑬amazing 驚くような、素晴らしい
⑭slow down ペースを落とす、のんびりする
⑮take a break ひと休みする
⑯time off 休暇、余暇
⑰at this point この時点で、今現在
⑱productive 生産的な
⑲insane 正気を失った
⑳cope with 〜 〜にうまく対処する
㉑drive 〜 crazy 〜の気をおかしくさせる、〜をひどくイライラさせる

172

　でも、それ以来、私は、ほら、音楽に出合いましたから、それが、私をいちばん刺激する執筆の形なんです。

　表現手段やどう書くかというやり方を広げるつもりがない、というわけではありません——正直なところ、今後、そうする（広げる）ことを考えています。私の人生が、できれば、進化したり変化したりできる段階にたどり着くといいな、と思っていますし、いつか私が、脚本とか詩集とか何かを書くようになったら、どうでしょうね？そうなるとすごくすてきですね。それが実現したらとてもうれしいです。

常に忙しく

インタビュアー：少しは、ペースを落とすことを考えていますか？

スウィフト：アーティストというものは、しょっちゅう休みを取っていると思いますし、それに……。どのアーティストにも、誰にでも、それぞれの優先順位があって、私は、休みが多過ぎるとすごく変な気持ちになるタイプです。私の人生の今の時点では、それはしっくりこないんです。生産的なことや創造的なことをまるでしない日が3日以上続いたら、頭がおかしくなりそう、という気がし始めます。

　つまり、曲作りは、私が人生をうまく乗り切る手助けをしてくれるものなのです。だから、仕事で気が変になるということはありません。仕事をしていない方が気が変になってしまいます。ですから、当面の間は長い休みを取る予定はありません。

㉒foreseeable　予測できる、近々の

Interviewer: It seems that your music has been keeping you pretty busy anyway. What have you ①been up to recently?

Swift: Yeah, it's been a really ②low-key week, ha-ha. This has been an amazing week. Um, and actually, our ③promo and just, kind of, ④setting up what we were ⑤gonna do for ⑥this album has been 'bout two to three months of just doing ⑦photo shoots, everything, all the preparation, doing interviews that were gonna ⑧come out a month later.

So my life has been focused on this album for two years but ⑨heavily focused on just ⑩going around doing interviews ⑪and all this stuff for a few months now, and it is the most unbelievable, exciting, ⑫exhilarating feeling to have the album finally out and to not be talking about music that no one's heard yet. Ha-ha.

| 語 注 |

①be up to ~　～に従事して、～を手掛けて
②low-key　控えめな、地味な　★冗談を言っている。
③promo　宣伝広告、宣伝活動　★= promotion。
④set up ~　～の手はずを整える
⑤gonna　★= going to。
⑥this album　★アルバム『1989』を指

す。このインタビューは発売の2日後に行われた。
⑦photo shoot　写真撮影
⑧come out　世に出る、公開される
⑨heavily　極度に、大いに
⑩go around doing　あちこち～して回る
⑪~ and all this stuff　～やその他いろいろ
⑫exhilarating　気持ちが浮き立つような、元気の出る、爽快な

インタビュアー：いずれにしても、音楽活動がかなりお忙しかったようですね。最近はどのような活動をなさっていたんですか？

スウィフト：ええ、とても地味な1週間でしたよ、ハハハ。今週は素晴らしい1週間でした。実は、今度のアルバムの宣伝と下準備で2～3カ月ほど、とにかく写真撮影だとかいろいろな準備をして、1カ月後に出るインタビューをしたりしていました。

　つまり、私の生活は2年間、このアルバムに集中してはいたのですが、ここ数カ月はインタビューやそういったことをして回るのに、極端に集中していたので、やっとアルバムが出て、これでもう、まだ誰も聞いたことのない音楽の話をしなくて済むのは、最高に素晴らしく、刺激的で、爽快な気分です。ハハハ。

Paper in a Digital World

Interviewer: How has it been to ①hook up with ❶Scholastic to talk about the importance of books?

Swift: Scholastic has been an ②incredible partner. I've come here three times to talk to kids about reading and writing and, um, I think that it's interesting growing up and, kind of, going from being, I was probably 16, 17, the first time I ③took a trip to Scholastic to talk to them.

And so, at that point, I was ④roughly the age of some of the older students, and now being 24, it's like you ⑤take on this, kind of, big sister role or like their aunt or something, ha-ha.

And you're, you know, at the same time as I'm giving them advice when they ⑥ask for it, they're also educating me on what their lives are like. So, after the shoot ended, I was asking these kids, like, "So, you're so intelligent. You're so ⑦smart. Like, OK, are you ⑧online? Do your parents give you a cellphone? How could, like, I wanna know ⑨what it is about you that makes you so interested in this amazing, incredible art that is books and novels."

| 語 注 |

①hook up with ~ ～と手を組む、～
と提携する
②incredible 信じられないほど素晴
らしい
③take a trip to ~ ～に行く、～を訪
問する
④roughly おおよそ、ざっと
⑤take on ~ ～（仕事）を引き受ける、
～（意味合いなど）を帯びる

⑥ask for ~ ～を求める
⑦smart 利口な、賢い
⑧online ネットワークに接続された、
インターネットを利用している
⑨what it is that . . . ……なのは何
なのか ★ここではthatの後に使役動
詞makeが続き、「何が～させるのか、
～させるのは何なのか」という意味。

デジタル世界における紙の本

インタビュアー： スカラスティック社と協力して本の大切さを語ってきて、どんな感じですか？

スウィフト： スカラスティック社は、信じられないほど素晴らしいパートナーです。子どもたちに読書と執筆の話をするために、これまで3回こちらに来ていますが、成長するのは興味深いというか、最初に話をするためスカラスティック社に行ったのが確か16 ～ 17歳で、そこから始まっていて。

　だから、当時は年上の生徒たちと同じぐらいの年齢だったんですが、24歳になった今は、お姉さんの役割というか、おばか何かの役割を担うわけです、ハハハ。

　それに、子どもたちに求められたときには私がアドバイスをすると同時に、彼らも私に、自分たちの生活がどんなものか教えてくれるんです。ですから、（イベントの）撮影が終わった後、あの子たちに聞いてました、「それで、あなたたちはすごく知的よね。すごく賢いわ。ところで、インターネットは使ってる？　ご両親から携帯を持たせてもらってる？　どういうわけで、ほら、あなたたちの場合、何がきっかけで、本や小説っていう、この素晴らしい、信じられないような芸術分野に、興味を持つようになったのか知りたいのよ」と。

| 用 語 解 説 |

❶ Scholastic (Corporation)　★ニューヨークに本社のある、子ども向けの本や教育素材の出版・販売を行う会社。同社のウェブサイトで、スウィフトが子どもたちと読書について語り合う動画が公開された。

And so, um, they actually are all on, um, they're all on Instagram. So I was happy to learn that they can also, that they can [①]be very connected with the modern world but also be really interested in reading books, like, *paper* books. It's so amazing.

Narrated by Carolyn Miller

| 語　注 |

①be connected with ~　〜と接続されている、〜と結び付きがある

　そうしたら、実は彼らは皆、インスタグラムを使っていたんです。それで、彼らが現代社会としっかりつながっていながら、それでいて、本、それも紙の本を読むことにとても興味を持っている、ということを知って、うれしく思いました。とても素晴らしいことです。

（訳：挙市玲子）

Vocabulary List

A

□ ~ and all this stuff　〜やその他いろいろ

□ alleviate　〜を緩和する、〜を軽減する

□ ask for ~　〜を求める

□ at this point　この時点で、今現在

B

□ be based on ~　〜に基づいている

□ be connected with ~　〜と接続されている、〜と結び付きがある

□ be up to ~　〜に従事して、〜を手掛けて

C

□ common thread　共通の要素　★thread は「糸」から転じて「つなげるもの、脈絡」を意味する。

□ cope with ~　〜にうまく対処する

D

□ downfall　失脚、破綻

□ drive ~ crazy　〜の気をおかしくさせる、〜をひどくイライラさせる

E

□ escape into ~　〜に逃げ込む

□ evolve　進化する、発展する

□ exhilarating　気持ちが浮き立つような、元気の出る、爽快な

F

□ foreseeable　予測できる、近々の

H

□ hook up with ~　〜と手を組む、〜と提携する

I

□ it's not to say that . . .　……というわけではない

L

□ left out　のけ者にされた、仲間外れになった

□ low-key　控えめな、地味な

P

□ productive　生産的な

R

□ roughly　おおよそ、ざっと

S

□ set up ~　〜の手はずを整える

□ slow down　ペースを落とす、のんびりする

W

□ What if . . .?　もし……だったらどうだろうか

理 解 度 チ ェ ッ ク

インタビューの内容に一致するものは ☐ Yes を、一致しないものは ☐ No をチェックしてください。

※質問の難易度の表示は、A ＝易しい、B ＝普通、C ＝難しい、を表します

目標正答数	初級レベル▶ ☑ 3問以上	中級レベル▶ ☑ 6問以上	上級レベル▶ ☑ 8問以上

Questions		Yes	No
1	テイラー・スウィフトが読書が好きな理由は、読んでいる間は現実逃避ができるからである。 (難易度 A)	☐	☐
2	スウィフトにとって、読書、執筆、音楽制作は完全に異なる価値観を持つ活動である。 (難易度 B)	☐	☐
3	スウィフトは 14 歳の夏からずっと、友人を主人公にした小説を書き続けている。 (難易度 A)	☐	☐
4	スウィフトによると、アーティストは誰でも大概、一年を通して忙しいものである。 (難易度 C)	☐	☐
5	スウィフトは、連続して 3 日以上休まなければ正気が保てないと語っている。 (難易度 B)	☐	☐
6	スウィフトはこのインタビュー時まで、数か月に及ぶアルバム宣伝活動を行っていた。 (難易度 C)	☐	☐
7	スウィフトはこのインタビュー時までに、スカラスティック社を何度か訪れて若者たちと語り合った。 (難易度 A)	☐	☐
8	スウィフトは 10 代の若者たちに対して、常に 20 代の姉として振る舞いたいと語っている。 (難易度 A)	☐	☐
9	スウィフトは、10 代の生徒たちがインスタグラムを使っていないことを知り驚いた。 (難易度 B)	☐	☐
10	スウィフトは、若者たちが紙の本を読むことについて、素晴らしいと感じている。 (難易度 B)	☐	☐

答え：Q1. Yes／Q2. No／Q3. No／Q4. No／Q5. No／Q6. Yes／Q7. Yes／Q8. No／Q9. No／Q10. Yes

Adele

アデル■1988年5月5日、イギリス、ロンドン生まれ。2008年のデビューアルバム『19』が世界各国で年間ベストアルバム賞を獲得。11年発売のセカンドアルバム『21』は全世界で3000万枚を超えるセールスを記録し、21世紀にリリースされた中で最も売れたアルバムとなった。映画『007 スカイフォール』の主題歌「スカイフォール」（12）で第70回ゴールデングローブ賞主題歌賞、第85回アカデミー賞歌曲賞を受賞。

TRACK **44**

■収録日：2015年12月11日 ■収録地：ロンドン（イギリス）

スピード	かなり速い
語　彙	やや難しい
発　音	かなり聞き取りづらい

"I love the opportunity in my life, I love everything about it."

「人生でチャンスを得られるのはうれしいし、
それに伴う何もかもが楽しい」

「天性の歌声が
心を揺さぶる
正統派シンガー」

Naoki Ogawa's Comment

BBC などニュースを見て、英国の一般人へのインタビューで、発言がまったくわからない、という経験はないだろうか。アデルの英語はまさに、そういう英国英語の典型だ。しかもトラック45は、英語学習者が圧倒されるような勢いだ。なお、それより後の録音は、発話速度が落ちる。最初から聞かないほうがいいかもしれない。ちなみに彼女の英語の一番の難しさは、語中・語末の [t] が聞こえなくなることだ。おだやかな典型例は p. 200 の彼女の発言中、第2段落最終の I love everything about it. 「アバウイッ」だ。しかし [t] は最もよく使われる子音だけに、[t] が聞こえないのは、聴解には致命的になる。わかりにくい典型例は p.188、最終行の I got over it だ。なお、この訛りは他の英国のアーティストにも共通する、大衆的な英国英語の特徴だ。しかしアデルの場合は、早口で畳みかけるため、聞こえない [t] が特段に多い。それがやっかいなのだ。

TRACK 45 **New to Social Media**

❶Fredrik Skavlan: When you ①launched this new album, ❷*25*, er, there was nothing from Adele for, for years. And then, it was, like, 30 seconds from the first song of the album, without your name on it. I mean, it was just your voice, singing those first lines.

Adele: Yeah, we did an ②advert that started here in the UK, um, and it was during a ③programme called ❸*X Factor* . . . that we have, and, um, yeah, it just ④came on. And it was just, like, a black screen with white writing, just with the ⑤lyrics of a bit of the first ⑥verse of ❹"Hello." And then it ended with three dots, ⑦as in "to be continued . . ."

I mean, I was watching, I like *X Factor*, so we were watching it, and I just, like, ⑧shit myself. *(laughter)* Like, I absolutely ⑨lost the plot when it came on, and I got really excited, as if it wasn't me as well, and then afterwards, I'm very, I'm very ⑩new to, like, being on social media — and afterwards I was, like, tried to check Twitter, but I didn't have a Twitter account, so I just saw what was on there if you're not on there.

| 語 注 |

①launch　～を世に出す、～を売り出す

②advert　広告、テレビCM　★＝advertisement。イギリスの口語。

③programme　番組　★イギリス式つづり。アメリカ式ではprogram。

④come on　放送される、放映される

⑤lyrics　歌詞　★この意味では通例、複数形。

⑥verse　歌詞の一節

⑦as in ~　～の場合と同様に

⑧shit oneself　ひどくびっくりする、もらす　★俗語。

⑨lose the plot　状況判断力を失う、混乱して訳がわからなくなる

⑩new to ~　～に不慣れな、～になじみのない

ソーシャル・メディア初心者

フレドリック・スカヴラン：新作『25』を発表した時点では、もう数年間、アデルのアルバムは出ていませんでした。そんな中、（テレビCMで）アルバムの最初の曲が、30秒ほど流れました。あなたの名前は出ずに、冒頭のフレーズを歌うあなたの声だけが、流れたのです。

アデル：ええ。ここイギリスを皮切りに、広告を始めました。『Xファクター』というテレビ番組の間に……そう、ちょうど、放映したのです。黒い画面に白い文字で、「Hello」の最初のフレーズの歌詞だけが現れるというものでした。そして「続く……」というときのように、3つのドットが出て終わったのです。

　私はちょうど見ていました。『Xファクター』は好きですから、私たちはそれを（テレビで）見ていたんです。（びっくりして）もらしそうでした（笑い声）。CMが始まると、完全に舞い上がって、まるで自分のことではないかのように感じて、興奮してしまいました。その後、実は、私はソーシャル・メディアにまったく不慣れなのですが──ツイッターをチェックしようとしました。でもツイッターのアカウントを持っていないので、ログインしなくても見られるものだけを見ていました。

|用 語 解 説|

❶Fredrik Skavlan　フレドリック・スカヴラン　★ノルウェーのジャーナリスト。ノルウェーとスウェーデンのテレビ局が共同制作する人気トーク番組『スカヴラン』の司会者。ゲストに合わせて英語、スウェーデン語、ノルウェー語のいずれかで番組を進行する。
❷25　『25』　★2015年に発売された、アデルにとって3枚目のスタジオ収録ア

ルバム。
❸(The) X Factor　『Xファクター』★イギリスの音楽オーディション番組。ワン・ダイレクションなどの人気アーティストを輩出している。
❹"Hello"　★アルバム『25』収録曲。2015年、『25』に先駆けて発売され、世界中で大ヒットを記録した。

Skavlan: You have a Twi—a Twitter account, right?

Adele: Well, I do have one. But I'm, I don't do, I don't ①have access to it. *(laughter)* I don't have a password, so I can't log in to look at stuff. So I was just looking at what was there if, like, your ②granddad looked on Twitter, you know, sort of like that.

And then, there was, like, two tweets. I was, like, "Oh my god. No one likes it. No one cares." And then ❶my boyfriend, who does have a Twitter account, was, like, laughing, just ③going through it all. And it just ④exploded. And that was, like, eight weeks ago. It wasn't that long ago that it happened. So, since then, every, so much has happened.

Skavlan: Your last album, ❷*21*, was, er, er, I mean, it ⑤broke all records, it was like, it was, like, the biggest British album ⑥in the century. It was an amazing success. How ⑦confident have you been that you would manage to do it?

| 語 注 |

①have access to ~　~にアクセスで
きる
②granddad　おじいちゃん　★口語。
③go through ~　~を最初から最後ま
で読む、~を全部見る
④explode　爆発する、爆発的に増え
る
⑤break a record　記録を打ち破る、
記録を更新する

⑥in　★正しくはof。
⑦confident　確信している、自信に
満ちた

スカヴラン：ツイッターのアカウントは、お持ちですよね？

アデル：確かに持ってはいます。でもやらないんです、ログインできなくて。（笑い声）パスワードがなくて、ログインしていろんなものを見ることができないのです。ですから、そこに表示されるツイートだけをただただ眺めていました。ほら、おじいちゃんがツイッターを見るときみたいに。

　そうしたら、出てきたツイートはたったの2つ。「ああ、大変。みんな気に入ってくれなかったんだわ。誰も注目していない」と思いました。すると、私のボーイフレンドが、彼はツイッターのアカウントを持っているので、笑いながら、全部を見ていきました。すると、まさに、大騒ぎになっていて。それが8週間ほど前のことです。それほど前ではありませんね。それ以降、いろんなことが起こりましたが。

スカヴラン：前作『21』は、あらゆる記録を打ち破り、今世紀のイギリスで最も売れたアルバムになりました。驚くべき成功でした。（その後で）このようなことをやり遂げる自信は、どの程度ありましたか？

|用語解説|

❶my boyfriend　★当時交際中だった環境慈善団体CEOサイモン・コネッキ氏を指す。アデルは彼との間に1児をもうけている。
❷21　『21』　★2011年にリリースされた、アデルの2枚目のスタジオ収録アルバム。

Adele: I wouldn't say I'm, like, ①out of the woods ②or anything with it. But ③for a little while, I was a bit, like, "I don't know if I'm ever gonna be able to ④follow this up with anything that I like," that I feel was good enough to ⑤put out. But that only lasted for about a month, where I was, like, "I don't know if I can do this."

And then I just ⑥realised that I can't ⑦top *21*, but once I ⑧let go of that, and also, once I realised that I don't wanna be in the same state of mind I was when I wrote *21* — 'cause it was a ⑨miserable one — that I let go and I was, like, I was just writing music for fun. And, which, it felt a lot like I was making my first album again, because I was just doing it 'cause I wanted to, rather than the, "Oh, let's try and follow it up with something." So, I ⑩got over it, and, um, this is, like, ⑪madder than *21*.

| 語 注 |

①out of the woods　困難を逃れて、危険をまぬがれて
②~ or anything　〜とか何とか
③for a little while　しばらくの間、少しの間
④follow A up with B　Aに引き続いてBを打ち出す、BでAに追い打ちをかける
⑤put out ~　〜を発表する、〜を発行する
⑥realise　〜をはっきり理解する、〜を悟る　★イギリス式つづり。アメリカ式ではrealize。
⑦top　〜を超える、〜を上回る
⑧let go of ~　〜から手を放す、〜のことを考えないようにする
⑨miserable　悲惨な、ひどい
⑩get over ~　〜を乗り越える、〜を乗り切る
⑪mad　すごい、常軌を逸した　★口語。

アデル：（今でも）苦しい時期を完全に乗り越えたなどとは言えません。でも（『21』のリリース後）しばらくは、「果たして、自分の気に入る作品をこの後に作れるだろうか」という感じでした。つまり、発表するに足ると思えるような作品、ということですが。まあ、「できるかどうかわからない」と思っていた時期は、1カ月程度でしたけれどね。

　その後に気付いたのです、『21』を上回ることはできないけれど、そのことは考えないようにして、それに、『21』を制作していたときのような精神状態にはもうなりたくない、と気付いたら──ひどい状態でしたからね──前作から離れて、ただ楽しんで曲を書いていたのです。もう一度デビューアルバムを作っているような気持ちを、強く感じました。「頑張ってあれに続けよう」ではなく、やりたいからやっているだけ、という感じでしたから。そうやって、乗り越えたのです。今作は、『21』よりもさらにすごいことになっていますよ。

Early Memories

Skavlan: Tell me about ❶Tottenham. I mean you grew up in Tottenham, which is a part of London, right?

Adele: Yeah.

Skavlan: Yeah?

Adele: North London.

Skavlan: And, er, and growing up there, you grew up with your mother. Er, she was quite young when she had you.

Adele: She was.

Skavlan: How was that, that ①upbringing? How was that?

Adele: Er, it was great. Um, we didn't have very much, but I had a lot of love. Um, which, I think, now that I'm a parent, that really is the best thing you can give your kid. And, um, I always felt loved, and she always, it w— it was just everything was fun. Everything was always fun.

| 語 注 |

①upbringing　幼少期の教育、しつけ

幼い頃の思い出

スカヴラン：トテナムについて教えてください。あなたは、ロンドン市内の、トテナム育ちでしたよね？

アデル：ええ。

スカヴラン：ですね。

アデル：ロンドンの北部です。

スカヴラン：あなたはそこで育ち、お母さまと2人で過ごされました。あなたを産んだとき、お母さまはとても若かったのでしたね。

アデル：はい。

スカヴラン：どのような育てられ方だったのですか？

アデル：ええ、最高でしたよ。まあ、物質的にはそう豊かではありませんでしたが、たくさんの愛情をもらいました。自分も親になった今、愛情こそが子どもに与えられる最高のものだと、つくづく思います。私はいつも愛されていると感じていましたし、母はいつも……何もかもが楽しかったです。何もかもが、いつだって楽しかった。

｜用 語 解 説｜

❶Tottenham　トテナム　★イギリス、ロンドン北部の地区。

And I remember being about 15 or 16 — I wasn't in Tottenham at, ①at that point, but — and me, like, starting to write songs ②and stuff, and me being, like, "I'm writing an album." And she was, like, "Yeah, I know." It was never, "Yeah, I know." It was, you know, she was never ③patronising, she was, like, "Yeah, I know." Like, "I can't wait to hear it one day." So, she, it was never, like, "Oh, maybe have a ④backup plan," you know. She was, like, "I know you are. And I'm looking forward to it."

Skavlan: What's your first musical memory?

Adele: She used to take me to a lot of ⑤gigs. Um, my first, like, really clear memory was, um, a concert of ❶The Beautiful South that she took me to at ❷Brixton Academy, in South London. And, um, she ⑥snuck me in, like, a trench coat, like, ⑦underneath her coat, *(laughter)* like, it was—

Skavlan: How old were you then?

| 語 注 |

①at that point　その時点では、当時は

② ~ and stuff　～など

③patronising　恩着せがましい、押し付けがましい　★イギリス式つづり。アメリカ式では patronizing。

④backup　代わりの、予備の

⑤gig　演奏会、コンサート

⑥sneak A in B　A を B に忍び込ませる、A を B にこっそり差し挟む　★ snuck は sneak の過去形・過去分詞の一つ。snuck のほかに sneaked も使われる。

⑦underneath　～の下に、～の内側に

　15歳か16歳のときには——そのときにはもうトテナムを離れていたのですが——私は曲を書き始めていたので、（母に向かって）「アルバムの曲作りをしているの」などと言ったのを覚えています。すると母は（軽いトーンで）「うん、知ってる」と言うのです。（重々しい）「ええ、知ってるわよ」では決してなく。母が押し付けがましかったことは一度もなくて、だから「うん、知ってる」なんです。「いつか聴くのが待ち遠しいわ」という感じで。「あら、うまくいかなかったときのことを、考えておいた方がいいんじゃない？」などと言ったことは一度もありません。ただ「知ってる。私も楽しみよ」と言うだけでした。

スカヴラン：音楽に関する最初の記憶は、どのようなものですか？

アデル：母はよく、コンサートに連れていってくれました。はっきり覚えている中でいちばん古い記憶といえば、ロンドン南部のブリクストン・アカデミーで行われたザ・ビューティフル・サウスのコンサートですね。母は、私をこっそりトレンチコートの内側に隠して、会場に入ったのです。（笑い声）

スカヴラン：当時、あなたはおいくつでしたか？

| 用 語 解 説 |

❶The Beautiful South　ザ・ビューティフル・サウス　★イギリスのロック・ポップバンド。1989年に結成され、90年代イギリスで一世を風靡した。2007年に解散。
❷(The) Brixton Academy　ブリクストン・アカデミー　★イギリス、ロンドン南部にある歴史あるコンサート会場。数多くの著名アーティストがコンサートを開いてきた。現在の正式名称はO2 Academy Brixton。

Adele: I think I was, like, 3. *(laughter)* Three or 4, and it was amazing. It was ①incredible, and then another one, she went to see ❶The Cure in ❷Finsbury Park, and that was a ②massive show, and, and it was in—incredible. I don't think I was snuck into that one. I think I was allowed into that one.

Um, she was the biggest ❸Jeff Buckley fan. So I just remember the ❹*Grace* album all the time, growing up. It was just like, I'd hear, like, when she ③put me to bed and she'd go and have her evening to herself. Like, I just remember hearing it.

TRACK 47 # Adulthood Says Hello

Skavlan: What do you miss from your former life?

Adele: Just the, like, ④innocence of it, I think. I mean, not that I'm terrible or anything like that, *(laughter)* but, um, just the lack of ⑤responsibility. And basically living someone else's life while living your own, because you live your parents' lives, your ⑥guardians' lives, and they ⑦take care of all the really boring stuff, um, while you just live a life with your friends, and it doesn't have that many ⑧consequences.

| 語 注 |

①incredible 信じられないほど素晴らしい
②massive 巨大な、すごい、素晴らしい
③put ~ to bed ～(子どもなど)を寝かしつける
④innocence 無垢、無邪気、純真
⑤responsibility 責任、義務
⑥guardian 保護者、監視者

⑦take care of ~ ～を処理する、～を引き受ける
⑧consequence （多くの場合、好ましくない)結果、結末

アデル：たぶん3歳ぐらいだと思います。（笑い声）3歳か4歳。最高でした。本当に素晴らしくて。ほかに、フィンズベリー・パークのザ・キュアーのコンサートにも行きました。とてつもないショーで、素晴らしかったです。このときは、こっそり入ったわけではなかったはず。ちゃんと入場できたように思います。

　母がジェフ・バックリィの大ファンだったので、子どもの頃はアルバム『グレース』がいつもかかっていた記憶があります。よく聞いたものです。母が私を寝かしつけ、夜、一人で過ごすときにかけていたのです。あのアルバムが聞こえていたのを覚えています。

大人としての人生の到来

スカヴラン：以前の生活にあったもので恋しいものというと、何ですか。

アデル：無邪気さですね。今の私がひどいことになっているとかではありませんが（笑い声）、責任のなかった時代が（恋しいです）。自分自身の人生を生きながら、ほかの誰かの人生を生きているようなものですから。自分の親の人生、自分の保護者の人生ですからね、基本的に。そして、その人たちは退屈なあれこれを処理してくれて、（子どもの）自分には友達と過ごす人生だけがあって、それで大して深刻な結果にもならないのです。

| 用語解説 |

❶ **The Cure**　ザ・キュアー　★イギリスのロックバンド。1978年結成。80年代に世界的人気を博す。メンバーチェンジを繰り返しながら、現在も活動中。
❷ **Finsbury Park**　フィンズベリー・パーク　★ロンドン北部にある公園。著名アーティストのライブが行われることもある。
❸ **Jeff Buckley**　ジェフ・バックリィ　★（1966-97）。アメリカのシンガーソングライター。川での遊泳中の事故により、30歳で亡くなった。
❹ **Grace**　『グレース』　★ジェフ・バックリィにとって唯一のスタジオ収録アルバム。1994年発売。

Um, so I think the lack of responsibility I really miss. And that's not to say that I'm talking about my responsibility of being a parent or being successful or anything like that. It's just that things get really serious when you become an adult, and you don't realise you've become an adult until [1]randomly, one day, when you're doing something and it comes and, like, [2]says hello to you, like, [3]out of the blue.

And it [4]scared the life out of me. *(laughter)* When you're, like, 13, 14, you're only ever getting one step closer to, like, [5]going out, travelling, having sex, having a drink. *(laughter)* Like, that's what you're doing. And now it's like . . .

Skavlan: Now you — *(laughter)*

Adele: I've done everything! What else have I got left to do? *(laughter)*

Skavlan: Now, I mean, now you can't—

Adele: In life!

Skavlan: You can't even send out a tweet, you know?

Adele: I can't even send out a tweet.

| 語 注 |

①randomly　無作為に、任意に
②say hello to ~　～に挨拶をする
③out of the blue　突然に、予告なしに
④scare the life out of ~　～をひどく怖がらせる、～を震え上がらせる
⑤go out　デートする、(恋人として)付き合う

　ですから、責任のなかった時代が本当に恋しいです。といっても、今の自分の親として
の責任、成功を収めた人間としての責任などのことを言っているのではありませ
ん。ただ、大人になると物事が深刻になる、ということです。でも、自分が大人に
なったということは、たまたまある日、何かをしているときに突然、大人としての人
生が「ハロー」と声を掛けてくるまでは、わからないものですよね。

　（大人になったと気付いたときは）震え上がるほど怖かったですね。（笑い声）13歳、
14歳の頃は、デートしたり、旅行したり、セックスしたり、お酒を飲んだり、そうい
うことに一歩ずつ近づくのが精いっぱい。（笑い声）今、大人としてやっていることで
すけどね。でも今では……

スカヴラン：今では──　（笑い声）

アデル：全部やっちゃった！　ほかにやっていないことはあるかしら？（笑い声）

スカヴラン：今、できない──

アデル：人生で！

スカヴラン：ツイートすることすらできないじゃないですか。

アデル：ツイートすらできない。

Skavlan: The consequences are too big.

Adele: Ha-ha.

TRACK 48 # A ⓵Snippet of Film

Skavlan: You've said once, the more success you have—

Adele: Yeah.

Skavlan: The less life you have.

Adele: The smaller your life gets.

Skavlan: The smaller your life's, gets.

Adele: Yeah. My life's still wonderful, and it's still ⓶blossoming ⓷and all that. But I just feel like the, yeah, the bigger your career gets, the smaller your life gets. And I remember seeing it in — it's not said like that, but you know ❶*Devil Wears Prada*, the film, when, like, you know, she's, like, ⓸breaking up with her boyfriend? Everything I ever do is based on a film.

| 語 注 |

① snippet 断片、抜粋
② blossom 開花する、栄える
③ ~ and all that ～のようなたぐいの
こと、～うんぬん
④ break up with ~ ～（恋人など）と
別れる、～（恋人など）との関係を断つ

スカヴラン：一大事ですよ。

アデル：ハハハ。

映画の断片

スカヴラン：以前あなたは、こうおっしゃいました。成功を収めれば収めるほど――

アデル：ええ。

スカヴラン：私生活がなくなる、と。

アデル：私生活が小さくなりますね。

スカヴラン：私生活が小さくなる。

アデル：ええ。私は今も、最盛期と言えそうな、素晴らしい毎日を送っています。でも、そう、キャリアが充実すればするほど、私生活は小さくなるように感じます。思い起こすと、それがわかったのは――（映画の中で）はっきりそう言っていたわけではないのですが、ご存じでしょう、『プラダを着た悪魔』という映画を見ていたとき、主人公が恋人と別れたときです。私がすることはすべて、映画に基づいていますから。

┃用 語 解 説┃

❶*(The) Devil Wears Prada*　『プラダを着た悪魔』　★2006年公開のアメリカ映画。ファッション雑誌編集部の「最悪の上司」の下で奮闘し成長する女性の姿を描く。上司をメリル・ストリープ、主人公をアン・ハサウェイが演じた。

Skavlan: So which film is "Hello"?

Adele: "Hello" didn't really have one. But, like, the ①saying of, "The bigger your career gets, the smaller your life gets," in *Devil Wears Prada*, and her boyfriend's, like, getting annoyed. And he's, and someone else says to her, like, "When your whole life ②goes up in smoke, you're ③due a promotion."

And I remember being, like, "What does he mean by that?" And I then just, as my career got bigger on *21*, my life didn't go up in smoke at all, and I, I love the opportunity in my life, I love everything about it.

But it's just that, you know, some people ④get quite fazed by someone's success, so I had to, sort of, ⑤distance myself from a lot of people that I've known my whole life and just make my ⑥circle a bit smaller.

Skavlan: Is the project for you, is to sort of try to maintain ⑦normality in all this?

Adele: Well, I think that's the main ⑧goal. Because I don't know how I'm gonna write records that people can ⑨relate to and enjoy if I'm living some mad life.

| 語 注 |

①saying　ことわざ、格言、警句
②go up in smoke　（計画などが）おじゃんになる、（希望などが）はかなく消える
③due a promotion　当然昇進するはずで
④get fazed　困惑する、ひるむ、びびる　★faze は口語で「～を困惑させる、～の度を失わせる」の意。

⑤distance oneself from ～　～から離れる、～と距離を置く
⑥circle　仲間、社会、交友範囲
⑦normality　正常性、普通さ
⑧goal　目的、目標
⑨relate to ～　～に共感する、～がよくわかる

スカヴラン：「Hello」に影響を与えた映画は？

アデル：「Hello」には特にありませんね。でも、『プラダを着た悪魔』には「キャリアが充実すればするほど、私生活が（圧迫されて）小さくなる」という教訓みたいなものが……恋人がイライラし始めるんです。そして、誰かが主人公にこう言う。「私生活がダメになると、昇進するものだよ」

　そのときは「それってどういう意味？」と思ったのを覚えています。当時、『21』を出してキャリアが充実しても、私生活は少しも破綻しませんでしたし。自分の人生でチャンスを得られるのはうれしいし、それに伴う何もかもが楽しい。

　でも中には、人の成功にひるむ人もいます。ですから、それまでずっと親しくしていたのに（成功したことで）距離を置かなければならなくなった人も、たくさんいましたね。友人・知人の輪が、少し小さくなりました。

スカヴラン：あなたの課題は、そうした生活の中で普通さを維持すること、という感じですか？

アデル：ええ、それが主な目標ですね。めちゃくちゃな生活をしていたら、みんなが共感して楽しめるような曲をどうやって書いたらいいのか、わからなくなるので。

Being Mum

Skavlan: What you and I ①have in common is that we have a 3-year-old.

Adele: Yes.

Skavlan: Actually, I have always that in common with most of my guests because I have children ②of all ages, *(laughter)* but, um, and, I wonder, er, how do you sleep?

Adele: He didn't sleep for, like, the first nine months, so I thought my body was ③shutting down. And he's a really good sleeper now, but with the travelling, um, like, I've probably only had about 13 hours' sleep in, like, a week, 'cause of the ④jet lag, and then, he's fine now, and I'm just like ⑤wide awake at, like, 4:00 in the morning, ⑥now that I've ⑦got him through it.

| 語 注 |

①have ~ in common　~を共通点と
して持つ、~の点で同じである
②of all ages　あらゆる年齢の
③shut down　活動を停止する
④jet lag　時差ぼけ、ジェット機によ
る疲れ
⑤wide awake　すっかり目がさえて
⑥now that . . .　今や……だから、…
…した今

⑦get A through B　AにBを切り抜け
させる

母として

スカヴラン：私たちには、お互い3歳の子どもがいるという共通点があります。

アデル：はい。

スカヴラン：まあ実のところ、私にはあらゆる年齢の子どもがいるので、ほぼどなたがゲストに来ても、必ず共通点があるのですが。（笑い声）睡眠時間はどうやって確保しているのでしょう？

アデル：うちの子、最初の9カ月はちっとも寝なくて。こっちは体が動かなくなりそうでした。今では、とてもよく寝るようになりました。でも私は、あちこちを移動していて時差ぼけなので、1週間で13時間しか寝ないような生活をしています。今、子どもが寝ない時期をやっと脱したと思ったら、（時差ぼけのせいで）明け方4時に目がさえていたりするんです。

But, um, you know, it's hard, it's, I had my balance before, like, when I was making the record and, like, being ①mum. And now, I'm just, I need to ②readjust my balance a little bit to ③make sure that I have some ④me time as well. Because, right now, I do my stuff with my work, and then all of my other time is for him. Which is great, but, like, I need to just ⑤chill and, like, ⑥hang out with just my friends, for, just for a couple of hours ⑦here and there. But I'm sleeping. I'm sleeping. I'm all right.

This interview is from the Scandinavian talk show "Skavlan" produced by Monkberry.

| **語 注** |

①mum お母さん、ママ ★イギリス
英語。発音は[mʌ́m]。アメリカ英語で
はmomで、発音は[mɑ́m]。
②readjust ～を調整し直す、～を再
調整する
③make sure that ... 必ず……する
ようにする、確実に……する
④me time 自分だけの時間 ★スト
レスから解放され、自分のために過ご
す時間のこと。女性誌などによく登場
する。
⑤chill ぼんやり過ごす、リラックス
する
⑥hang out with ～ ～と一緒に過ご
す、～と気ままに過ごす
⑦here and there 所々で、時々

　まあ、確かに大変です。以前、アルバムを作っていたときは、母親として過ごす時間とのバランスが、ある程度取れていました。でもこれからは、少しバランスを調整し直して、自分のための時間も確保したいですね。今は、自分の時間といえば、仕事をするだけで、それ以外の時間はすべて、息子のために使っているので。それも素晴らしいことなのですが、たまには数時間、ぼーっとしたり友達と過ごしたりする時間も欲しい。でも、（ちゃんと）寝ていますよ、寝ています。大丈夫です。

（訳：中村有以）

Vocabulary List

B

☐ break a record　記録を打ち破る、記録を更新する

☐ break up with ~　～（恋人など）と別れる、～（恋人など）との関係を断つ

D

☐ distance oneself from ~　～から離れる、～と距離を置く

F

☐ follow A up with B　A に引き続いて B を打ち出す、B で A に追い打ちをかける

G

☐ get A through B　A に B を切り抜けさせる

☐ get fazed　困惑する、ひるむ、びびる　★ faze は口語で「～を困惑させる、～の度を失わせる」の意。

☐ get over ~　～を乗り越える、～を乗り切る

☐ go out　デートする、（恋人として）付き合う

☐ go up in smoke　（計画などが）おじゃんになる、（希望などが）はかなく消える

H

☐ hang out with ~　～と一緒に過ごす、～と気ままに過ごす

☐ have ~ in common　～を共通点として持つ、～の点で同じである

☐ have access to ~　～にアクセスできる

L

☐ launch　～を世に出す、～を売り出す

☐ let go of ~　～から手を放す、～のことを考えないようにする

☐ lose the plot　状況判断力を失う、混乱して訳がわからなくなる

M

☐ make sure that . . .　必ず……するようにする、確実に……する

☐ massive　巨大な、すごい、素晴らしい

N

☐ now that . . .　今や……だから、……した今

O

☐ out of the blue　突に、予告なしに

☐ out of the woods　困難を逃れて、危険をまぬがれて

☐ patronising　恩着せがましい、押し付けがましい

☐ put ~ to bed　（子どもなど）を寝かしつける

☐ put out ~　～を発表する、～を発行する

R

☐ randomly　無作為に、任意に

☐ relate to ~　～に共感する、～がよくわかる

S

☐ saying　ことわざ、格言、警句

☐ scare the life out of ~　～をひどく怖がらせる、～を震え上がらせる

☐ shut down　活動を停止する

☐ sneak A in B　A を B に忍び込ませる、A を B にこっそり差し挟む

☐ snippet　断片、抜粋

T

☐ take care of ~　～を処理する、～を引き受ける

U

☐ upbringing　幼少期の教育、しつけ

V

☐ verse　歌詞の一節

W

☐ wide awake　すっかり目がさえて

理 解 度 チ ェ ッ ク

インタビューの内容に一致するものは □ Yes を、一致しないものは □ No をチェックしてください。

※質問の難易度の表示は、A =易しい、B =普通、C =難しい、を表します

目標正答数	初級レベル▶ ☑ 3問以上	中級レベル▶ ☑ 6問以上	上級レベル▶ ☑ 8問以上

	Questions	Yes	No
1	アデルはアルバム『25』の CM が放映された直後に、ツイッターのメッセージを投稿した。 (難易度 A)	☐	☐
2	アデルは『25』の制作中、前作『21』の制作中ほどには楽しめなかった。 (難易度 B)	☐	☐
3	アデルは 10 代の頃、曲を作っていることを母に隠していた。 (難易度 A)	☐	☐
4	アデルは 3 ～ 4 歳の頃、母のコートに隠されコンサートにつれて行かれた。 (難易度 A)	☐	☐
5	アデルは母の就寝後にジェフ・バックリィのアルバムをよくかけていた。 (難易度 A)	☐	☐
6	アデルは子ども時代の複雑な心境を、大人になった今では懐かしく思っている。 (難易度 B)	☐	☐
7	アデルはキャリアの充実に伴って、私生活がすっかり破綻したと述べている。 (難易度 C)	☐	☐
8	アデルにとって、音楽的成功を収めた後では交友範囲が狭まった。 (難易度 C)	☐	☐
9	アデルは移動の多い生活のため、週 13 時間しか睡眠時間が取れていないと言っている。 (難易度 B)	☐	☐
10	アデルは今後、自分のための時間をもっと多く取りたいと願っている。 (難易度 B)	☐	☐

答え：Q1. No／Q2. No／Q3. No／Q4. Yes／Q5. No／Q6. No／Q7. No／Q8. Yes／Q9. Yes／Q10. Yes

ブルーノ・マーズ■1985年10月8日、アメリカ、ホノルル生まれ。高校卒業後、ロサンゼルスに生活の場を移し、プロデューサーとして働く。2010年にシンガーとしての活動を開始。『ドゥー・ワップス＆フーリガンズ』(10)、『アンオーソドックス・ジュークボックス』(12)、『24K・マジック』(16) の3枚のアルバムを発売。いずれも各国でベストセラーになった。18年、グラミー賞6部門を受賞。

Bruno Mars

TRACK **50**

■収録日：2016年11月10日　■収録地：ストックホルム（スウェーデン）

スピード	速い
語　彙	易しい
発　音	所々で弱くなる

「美メロとリズムで高揚感を生み出す天才パフォーマー」

"I wanna make sure everyone has a good time."

「僕は絶対にみんなを楽しませたいんだよ」

Naoki Ogawa's **Comment**

1文1文は短めで、単語も構文も平易だ。しかしまとまった分量となると、一気に話す。発話速度が上がり、弱いところはひどく弱まる。学習者からすれば、音がつかめないのに単語が押し寄せる、という状況になる。とりわけ曲者なのは、助動詞（句）類だ。wanna、gonna、gotta、had to、had to be able to（p. 212、6行目）、I'm allowed to（p. 212、8行目）など、とにかく多い。どれも極めて弱くて速い。それらが彼の英語の速さに拍車をかけている。なお drumbeats（p. 214、9行目）の出だしの[dr] は、速さのためにほぼ「ヂ」だ。文字を見ればわかるのに、聞いたらわからない単語だ。

写真：Dan Hallman/Invision/AP/ アフロ

A 24K Student

❶Fredrik Skavlan: *(applause)* How are you?

Bruno Mars: Good.

Skavlan: Great to have you here again. Tell me, it's, uh, I mean, uh, having listened to your ①rehearsal here, ②it's really all about dancing now — it's dance music, isn't it?

Mars: Yeah, that's what ③music's supposed to do.

Skavlan: Yeah, make you dance.

Mars: Yeah.

Skavlan: So, what, I mean, the internet is full of Bruno Mars moves.

Mars: Oh, yeah? Ha-ha.

| 語 注 |

①rehearsal　リハーサル　★番組で
はトークのほかに新曲「24K・マジック」
のライブも披露された。ここではその
歌唱リハーサルを指す。
②it's all about ~　〜がすべてだ、大
事なのは〜だ
③be supposed to do　〜することに
なっている、本来〜するはずである

24 カラットの研究者

フレドリック・スカヴラン：（拍手）お元気ですか？

ブルーノ・マーズ：元気です。

スカヴラン：またお越しいただけて光栄です。教えてください、というのも、ここでのリハーサルを聞いていたのですが、今回はまさにダンスがすべてで——ダンスミュージックですね？

マーズ：ええ、それが音楽本来の姿です。

スカヴラン：そうですね、踊ってしまう。

マーズ：ええ。

スカヴラン：さて、インターネットはブルーノ・マーズの（ダンスをまねた）動きだらけですね。

マーズ：そうなんですか？　ハハハ。

| 用 語 解 説 |

❶Fredrik Skavlan　フレドリック・スカヴラン　★ノルウェーのジャーナリスト。ノルウェーとスウェーデンのテレビ局が共同制作する人気トーク番組『スカヴラン』の司会者。ゲストに合わせて英語、スウェーデン語、ノルウェー語のいずれかで番組を進行する。

Skavlan: You never, you never ①Google yourself?

Mars: No, never.

Skavlan: Uh, Bruno, you call yourself a ②student of music. What do you mean by that?

Mars: Um, before anyone knew who I was, I was producing music for other artists. And, um, I had to be able to produce for a rock artist, a ③hip-hop artist, uh, all kinds of different music. So, it's my job to study all kinds of music. So, ④I'm allowed to go into the studio and know what they're talking about, know what worlds they come from. So, therefore, I'm a student of music.

スカヴラン：あなたは自分自身をネットで検索することはないんですか？

マーズ：いえ、ありませんね。

スカヴラン：ブルーノさん、あなたはご自分のことを音楽の研究者とおっしゃっています。それはどういう意味ですか？

マーズ：まあ、無名だった頃の僕は、ほかのアーティストたちのために音楽をプロデュースしていました。そして、ロックアーティストにも、ヒップホップアーティストにも、ありとあらゆる音楽をプロデュースできなければいけませんでした。ですから、あらゆる音楽を学ぶのが僕の仕事なんです。つまり、僕はスタジオに入ることが許されていて、みんなが何を話しているのかわかりますし、彼らがどの世界の人なのかわかるのです。ですから、そういう意味で、音楽の研究者です。

TRACK 52 # Inside a Musical Mind

Skavlan: I've read somewhere about you that you, you are the kind of musician that have [has] music ①constantly in your head.

Mars: Yeah.

Skavlan: How does that ②work?

Mars: How does that work? Take us in ③there? ④You don't wanna go in there! Ha-ha. No, it's just, it's c—uh, you know, I'm constantly . . . Uh, for ❶this album, I was constantly thinking about how I could make it better, how I could make the ⑤chorus better, different ⑥chord progressions, uh, different drumbeats.

And now that we're, the album's ready and I gotta perform, I'm thinking about, all right, how am I gonna, how are the lights gonna hit, and how, I, uh, I wanna make sure everyone — and we've, we traveled ⑦all this way, I wanna make sure everyone has a good time. So, I'm always constantly thinking about something ⑧involved with music.

Skavlan: Do you ever ⑨get time off? Do you ever g—does it ever get quiet? What do you do to get some time off?

| 語 注 |

① constantly　絶えず、常に
② work　(仕組みなどが) 働く、機能する
③ there　★「音楽が鳴り続けている頭の中」を指す。
④ you don't wanna do　～しない方がいい、～すべきではない　★忠告・助言を表す。wanna = want to。
⑤ chorus　コーラス、サビ

⑥ chord progression　コード進行
★曲のコード (和音) の並び方。
⑦ all this way　これだけの道のりを、はるばる
⑧ involved with ~　～に関係した
⑨ get time off　休みを取る

頭の中は音楽でいっぱい

スカヴラン：どこかで読んだことがあるのですが、あなたは、絶えず頭の中で音楽が鳴っているタイプのミュージシャンだそうですね。

マーズ：そうです。

スカヴラン：それはどういう感じですか？

マーズ：どういう感じか、ですか？　僕の頭の中に入ってみますか？　やめておいた方がいいですよ！　ハハハ。いや、それはただ──ほら、絶えず……まあ、このアルバム作りでは、どうすればもっとよくできるか、どうすればコーラスをもっとよくできるか、いろいろなコード進行とか、いろいろなドラムビートを常に考えていました。

　そしてアルバムが完成した今は、演奏しなくてはいけないので、考えています、そう、自分がどう、ライトがどう当たるか、だとか、ぜひとも皆さんに──僕たちははるばるここまで来たわけですから、皆さんに絶対に楽しんでもらいたいのです。そんなわけで、常に音楽に関することを何かしら考えています。

スカヴラン：休みは取られるのでしょうか？　静かに過ごされることはあるのですか？休むためにどんなことをしますか？

|用語解説|

❶ this album　★2016年9月にアメリカで発売されたアルバム『24K・マジック』を指す（日本では同年11月発売）。なお、K（karat、カラット）は金の純度を表す。24カラットは純金。

Mars: I like movies. I go to the movies. Um . . .

Skavlan: You ①play cards as well.

Mars: I do, yeah.

Skavlan: What kind of cards is that?

Mars: I used to play ②poker a lot.

Skavlan: W—w—how, how do you do? I mean, uh, are you any good? Or is it, like . . .

Mars: Um . . .

Skavlan: . . . losing lots of money?

Mars: No, I used to play a long time ago. For a long time I actually, that's how I would pay my ③rent. And then I stopped.

Skavlan: So, you paid your rent by playing poker?

| 語 注 |

①play cards　トランプ(で賭け事)を
する
②poker　ポーカー　★トランプのゲ
ームの一種。各自が5枚の札で役を組み
合わせ、その強さを競う。
③rent　家賃

216

マーズ：映画が好きなので、映画を見に行きますね。あとは……

スカヴラン：カードの賭け事もなさいますね。

マーズ：しますよ、ええ。

スカヴラン：どんなカードゲームですか？

マーズ：以前はポーカーを、かなりやりました。

スカヴラン：腕前はいかがなんでしょうか？　つまり、少しはお上手なんですか？　それとも……

マーズ：ああ……

スカヴラン：……大金をスッてしまうとか？

マーズ：いや、やっていたのはかなり昔のことです。かなりの間、実はそれで家賃を払っていました。その後やめたんです。

スカヴラン：つまり、ポーカーをすることで家賃を払っていたんですか？

Mars: Yeah.

Skavlan: So, you, I ①take it you, you won more than you lost?

Mars: I wouldn't ②go that far. I g—ha-ha. *(applause)* Uh, I got, um, I had a ③lucky streak for a while, but, ④at some point, it had to come ⑤crashing down. You can't, uh, you know, your, your ⑥shoebox of money starts ⑦depleting. You know, you have m—uh, m—I had a, had ⑧a couple, couple dollars in a shoebox, and then, uh, ⑨all of a sudden, my car ⑩breaks down and, whatever — ⑪doctor bill — and, and all of a sudden, that, that money's not looking so ⑫pretty.

TRACK 53

From Poverty to ❶Pop Royalty

Skavlan: I know, I, you don't like to talk about ❷the election, and I was going to talk about that but, we were talking about ⑬class. I wonder, because now you're sort of pop royalty in America.

Mars: Thanks.

| 語 注 |

①take it (that) . . . ……だと受け取る、……と理解する
②go that far そこまで踏み込む、そこまで言う
③lucky streak 幸運が続くこと、連続したツキ
④at some point ある時点で
⑤crash down 崩れ落ちる、崩壊する

⑥shoebox of money （銀行に預けずに）靴箱にため込んだ現金、へそくり
⑦deplete 激減する、枯渇する
⑧a couple dollars ★ここでは「少額のお金」のこと。
⑨all of a sudden 突然、いきなり
⑩break down （車が）故障する、エンジンが不調になる
⑪doctor bill 医療費 ★billは「請求書」の意。
⑫pretty すてきな、気持ちのいい

⑬class 階級、社会階層

218

マーズ：ええ。

スカヴラン：では、負けるよりも勝つことの方が多かったというわけですね？

マーズ：それについては言わずにおきます。僕は—ハハハ。*(拍手)* まあ、しばらくツキが続いていたんですが、それもある時点で急落を迎える運命でした。そうはいかない、つまり、靴箱にため込んだ現金がみるみる減り始めるんです。まあ、多少の現金は残っていたのですが、そこへきて急に車が故障したり、何だかんだと——医療費だとか——突然、そのお金もそんなに魅力的じゃなくなるのです。

極貧からポップスの王族へ

スカヴラン：例の選挙に関しては、あまり話したくないと伺っています。その話をしようとしていたのですが、社会階層について話していたんですよね。お伺いしたいのですが、というのも、今やあなたはアメリカのポップス界の王族のようなものです。

マーズ：ありがとう。

| 用語解説 |

❶ pop royalty　ポピュラー音楽の王族
★King of Pop（マイケル・ジャクソンを表す）やQueen of Pop（マドンナを表す）のように、マーズが音楽ジャンルを代表する大物ミュージシャンであることを例えて言っている。
❷ the election　★2016年のアメリカ大統領選挙を指す。このインタビューは選挙の数日後に行われ、この時点で

ドナルド・トランプが当選確実となっていた。

Skavlan: Uh, ha-ha, but you are, of course. But sometimes before that, I mean, have you, have you ever experienced the other side of it? Have you ever experienced, to be really ①on[at] the other end of the scale?

Mars: Yeah. My whole life I feel like I've been, uh, ②struggling to do what I wanna do — and that was music. And it just wasn't easy. I had to ③go through some, some things. And, but I, you can't regret it because I'm, I might not be here ④if it wasn't for that journey that I had to take.

Skavlan: Were you, like, poor? Or middle—

Mars: Poor's a[n] ⑤understatement! *(laughter)* I was below poor. Well, you see, it ⑥started off, my father had a, uh, show on, in Hawaii. And we were, it was a successful show. And we were, you know, we were ⑦doing good; we were ⑧well-off. When my father and mother, uh, ⑨divorced, lost the businesses. And then, that kind of ⑩spiraled into getting us ⑪as poor as it gets.

Skavlan: This is something you just decided — that you were gonna be an artist; you were gonna be a star.

| 語 注 |

①on[at] the other end of the scale
物差しのもう一方の端に、対極の立場
に ★前置詞は通常、at を用いる。
②struggle　奮闘する、苦労する
③go through ~　～（苦労など）を経
験する
④if it wasn't for ~　もし～がなかっ
たとしたら　★仮定法の表現。
⑤understatement　控えめな表現、

過小評価
⑥start off　始まる
⑦do good　うまくやる、順調である
★このgoodは口語の副詞。do wellの
方が一般的。
⑧well-off　裕福な、財政的に豊かな
⑨divorce　離婚する
⑩spiral into ~　（悪循環で）～に陥る
⑪as ~ as it gets　これ以上ないほど
～な、どこまでも～な

スカヴラン：ハハハ、でも、まさにそうです。ですが、そうなる前のいつか、その反対側の体験をしたことはありますか？　まるで対極の立場に置かれる経験をしたことは？

マーズ：ええ。これまでの人生ずっと、自分のしたいことのために苦闘を重ねてきた感じです――つまり、音楽のために。それは本当に簡単ではありませんでした。ちょっとした辛酸をなめることになりました。でも、それを後悔するわけにはいきません、というのも、自分が歩む必要のあったあの道のりがなければ、僕は今ここにいないかもしれないからです。

スカヴラン：あなたは、その、つまり、貧しかったのですか？　それとも中流――

マーズ：貧しいなんてもんじゃありませんよ！（笑い）貧乏以下でした。ええと、つまりですね、最初は、父親がハワイでショーをやっていました。そして、それは人気のあるショーでした。ですから僕らは順調にやっていて、お金には困りませんでした。そんなとき父と母が離婚して、仕事もなくなりました。それから、悪循環のような形で、これ以上ないほど貧乏になっていきました。

スカヴラン：あなたが決断したことなんですね――アーティストになる、スターになる、というのは。

Mars: I was always gonna be doing music. I was always gonna be doing music. That's all I know. It's been in my, I, the—**❶**there's [are] videos of me you could ①look up on the internet of me as ②this big, singing and dancing.

And I'm not good at anything else. And that's, that's all I wanted to do, and, and I was just, I, I wanted to ③take it to the next level — that's why I moved to California and ④figured out that you have to write your own song. You can't ask anybody, uh . . . You know, I was going into the studio saying, "Ah, I wish I could . . . I wanna do a song that sounds like this and feels like this!" They don't know what you're talking about. So, the only way I had to, uh, I had to do it myself.

Skavlan: Do you agree that this is, uh, also a part of your ⑤gambling personality? Ha-ha.

Mars: Yeah. I think I'm always ⑥betting on—

Skavlan: A huge gamble to just make—

Mars: Huge ga—yeah, I'm always betting on myself. ⑦Before anything, I bet on me.

|語 注|

①look up ~ 〜を探す、〜を検索する

②this big ★当時の自分の身長を手で示しながら発言している。

③take ~ to the next level 〜を次の段階に進める、〜をさらに上の段階に向上させる

④figure out that . . . ……であるとわかる

⑤gamble ギャンブルをする ★3行下では名詞で「ギャンブル、賭け事」の意。

⑥bet on ~ 〜に賭ける

⑦before anything 何よりも先に、何事にも優先して

マーズ：前々からずっと音楽を仕事にするつもりでした。いつも音楽を仕事にしようと思っていました。確かなのはそれだけです。ずっと――インターネットで僕の（子どもの頃の）動画が見つかりますよ、こんなちっっちゃなのが、歌って踊っています。

　それに、ほかに何も得意なことがないんです。だからやりたいことは音楽だけで、それを次の段階に進めたかったのです―それが理由でカリフォルニアに引っ越したのですが、そこでわかったのは、自分で曲を書かなければいけないということでした。誰かに頼むわけにはいかないのです……。ほら、こう言いながらスタジオに入っていくつもりだったんです、「あー、もしできれば……こういうサウンドで、こんな感じの曲を歌いたいのですが」とね！　（これでは）何を言ってるんだ、という反応をされますよ。ですから道はただ一つ、自分で曲を作る必要があったんです。

スカヴラン：これもギャンブル好きな性格の一端だと言ったら同意なさいますか？　ハハハ。

マーズ：そうですね。たぶん僕は、いつも賭けていると思います――

スカヴラン：大きな賭けですよ、簡単には――

マーズ：大きな、ええ、僕はいつも自分に賭けているんです。何よりもまず、自分に賭けるんです。

|用 語 解 説|

❶there's [are] videos of me　★ステージでエルヴィス・プレスリーの物まねをしている4歳の頃のマーズの動画がインターネット上で見られる。また、6歳の頃には映画『ハネムーン・イン・ベガス』にカメオ出演し、エルヴィス・プレスリーの曲を歌った。

Making People Wanna Dance

Skavlan: When you write a song, you very much think about a film, or in that, I mean, in the ①perspective that you're telling a story.

Mars: Well, no, for this album, because, because I love music so much, and because I come from a producer ②background and worked with different artists, for this album, I to—I kinda ③tricked myself and said, "I'm gonna ④write a movie. I'm gonna write a ⑤script." And I could see it in my head — I can see me and my band dancing, and gold everywhere, and women screaming for me when I do interviews! (⑥*whoops from the audience, laughter onstage*)

Skavlan: So, that, that's how you ⑦envision it?

Mars: I just env—I just envision that. I envision this fun album that, that made people wanna dance, make people wanna fall in love, make people wanna ⑧make love and dance again, like, uh, I've, uh, it was because of my ⑨upbringing.

語 注

① perspective　観点、見方
② background　経歴
③ trick　～をだます、～を錯覚させる
④ write a movie　映画の脚本を書く
⑤ script　台本、脚本
⑥ whoop　(感極まった) 叫び声、歓声
⑦ envision　～を思い描く、～をイメージする
⑧ make love　愛し合う　★性的な意

味合い。
⑨ upbringing　育ち、生育環境

聞く人をダンスに駆り立てる

スカヴラン： 曲を書くとき、よく映画をイメージするそうですね、つまり、物語を紡ぐような視点になると。

マーズ： それは、いえ、このアルバムの場合、自分が音楽をとても愛していることと、プロデューサーとしての経歴から、さまざまなアーティストと仕事をしてきたこともあって、このアルバムでは──自分に暗示をかけるみたいに、こう言い聞かせました、「自分はこれから映画を作るんだ。これから脚本を書くんだ」と。そうすると頭の中に見えてきました──自分と自分のバンドが踊っていて、どこもかしこも金色で、インタビューを受けている僕に女性たちが黄色い声を上げているのがね！（観客から歓声、ステージ上では笑い）

スカヴラン： では、そんなふうにイメージを膨らませるのですね？

マーズ： とにかく──そんなふうにイメージします。この楽しいアルバムが、人々を踊りたい気持ちにさせ、恋をしたい気持ちにさせ、愛し合ってはまたダンスをしたい、という気持ちにさせるさまを思い描いています。僕の育った環境がそうさせたんです。

There's music that I ①grew up with that . . . I was dancing. My, me and my friends, when I think about the ②high, like, ③going up in, in Hawaii, if you didn't dance, girls weren't looking at you. So, it was very important that you ④knew how to dance. And that was the music that was playing on the radio.

Skavlan: And that's the music you make today.

Mars: That's the music I ⑤aspire to make. I remember that feeling. That feeling of, wow, this is, this feels so right; this feels so good. So I was just trying to make, with this album, that's what I was ⑥aiming for — is to try to ⑦capture that feeling and give it to the world.

Skavlan: And one last question before you go onstage, I just wonder, ⑧if you were to pick one song that can really ⑨get you up on the floor. I mean, it's, n—n—none of your own songs, right, that can make you . . . I mean, you're in a disco and the DJ ⑩puts on one song. Which song would be the best choice?

Mars: The best choice?

Skavlan: I'm going to ask you two ⑪afterwards, so prepare. *(laughter)*

| 語 注 |

①grow up with ~ ～と共に育つ、～に囲まれて大きくなる
②high ★high school などと言いかけてやめたものと思われる。
③going up ★growing up と言おうとしたと思われる。
④know how to do ～の仕方を心得ている、上手に～できる
⑤aspire to do ～したいと熱望する

⑥aim for ~ ～を目指す
⑦capture ～を捉える、～を表現する
⑧if A were to do 仮にAが～するとしたら ★仮定法の表現。
⑨get ~ up ～を奮い立たせる、～にはっぱをかける
⑩put on ~ ～（レコードなど）をかける
⑪afterwards 後で ★= afterward。

子どもの頃から音楽が身近にあって……踊っていました。僕と友達は、ハワイでの成長期を思い起こすと、ダンスをしなければ女の子は振り向いてくれませんでした。ですから、ダンスがうまく踊れることがとても大事だったのです。そしてそれが、ラジオから流れていた音楽でした。

スカヴラン：そしてそれが、あなたが今作る音楽なのですね。

マーズ：作りたいと憧れる音楽です。あの感覚を覚えているんです。あの、「いいぞ、まさにこれだ、これは最高の気分だ」という感覚を。ですから作ろうとしていたのです、このアルバムで。それが僕の目指していたことです――あの感覚をつかまえて世界中に送り出そう、というのが。

スカヴラン：では、ステージに上がっていただく前に最後に一つ質問です、教えてほしいのですが、（ダンス）フロアで気分をすごく上げてくれる曲を一つ選ぶとしたら。つまり、ご自分の曲以外で、そう、あなたを……その、ディスコにいて、DJが1曲かけるとしたら。どの曲なら最高の選曲になりますか？

マーズ：最高の選曲ですか？

スカヴラン：後でまた2曲尋ねますから、用意しておいてください。（笑い）

Mars: That's the hardest question anyone's ever asked me. Right now, how I feel, ❶Rick James, ❷"Super Freak."*(applause)*

Skavlan: Rick James, "Super Freak." I'll ①make a note of that.

Mars: Ha-ha.

Skavlan: And I'm gonna play it in a locked room by myself.

Mars: Uh-huh.

Skavlan: Very loud when I come home.

Mars: Mm-hm.

Skavlan: Yeah. Nobody's gonna see me. Thank you so much, Bruno Mars. Thank you so much.

Mars: Ha-ha. *(applause)*

Originally broadcast by SVT and NRK
on "Skavlan," produced by Monkberry.

| 語 注 |

①make a note of ~ ～をメモする

マーズ：今まで聞かれた中でいちばん難しい質問ですね。今このときなら、僕の気分は、リック・ジェームスの「スーパー・フリーク」。(拍手)

スカヴラン：リック・ジェームスの「スーパー・フリーク」。メモしておきます。

マーズ：ハハハ。

スカヴラン：それで、鍵を掛けた部屋で一人きりでその曲をかけることにします。

マーズ：なるほど。

スカヴラン：大音量でね、家に帰ったら。

マーズ：うん。

スカヴラン：ええ。誰にも見られません。ありがとうございました、ブルーノ・マーズさんでした。どうもありがとうございます。

マーズ：ハハハ。(拍手)

(訳：挙市玲子)

┃用 語 解 説┃

❶Rick James　リック・ジェームス
★(1948-2004)。アメリカのファンクミュージシャン。ファンクは黒人音楽の要素を強く打ち出したポピュラー音楽。
❷"Super Freak"　「スーパー・フリーク」　★1981年に発表されたジェームスの曲。MCハマーのヒット曲 "U Can't Touch This"でサンプリング使用されたことでも有名になった。

Vocabulary List

A

□ **aspire to do** 〜したいと熱望する

B

□ **background** 経歴

□ **be allowed to do** 〜することが許される、〜できる

□ **before anything** 何よりも先に、何事にも優先して

□ **bet on ~** 〜に賭ける

□ **break down** （車が）故障する、エンジンが不調になる

C

□ **capture** 〜を捉える、〜を表現する

□ **crash down** 崩れ落ちる、崩壊する

D

□ **deplete** 激減する、枯渇する

E

□ **envision** 〜を思い描く、〜をイメージする

G

□ **get time off** 休みを取る

□ **go that far** そこまで踏み込む、そこまで言う

□ **go through ~** 〜（苦労など）を経験する

□ **grow up with ~** 〜と共に育つ、〜に囲まれて大きくなる

I

□ **if A were to do** 仮にAが〜するとしたら ★仮定法の表現。

□ **if it wasn't for ~** もし〜がなかったとしたら ★仮定法の表現。

□ **involved with ~** 〜に関係した

□ **it's all about ~** 〜がすべてだ、大事なのは〜だ

L

□ **look up ~** 〜を探す、〜を検索する

□ **lucky streak** 幸運が続くこと、連続したツキ

M

□ **make a note of ~** 〜をメモする

P

□ **perspective** 観点、見方

□ **play cards** トランプ（で賭け事）をする

S

□ **spiral into ~** （悪循環で）〜に陥る

□ **start off** 始まる

□ **struggle** 奮闘する、苦労する

T

□ **take ~ to the next level** 〜を次の段階に進める、〜をさらに上の段階に向上させる

U

□ **trick** 〜をだます、〜を錯覚させる

U

□ **understatement** 控えめな表現、過小評価

W

□ **well-off** 裕福な、財政的に豊かな

理 解 度 チ ェ ッ ク

インタビューの内容に一致するものは ☐ Yes を、一致しないものは ☐ No をチェックしてください。

※質問の難易度の表示は、A ＝易しい、B ＝普通、C ＝難しい、を表します

目標正答数	初級レベル▶ ☑ 3問以上	中級レベル▶ ☑ 6問以上	上級レベル▶ ☑ 8問以上

Questions		Yes	No
1	ブルーノ・マーズは時々、インターネットで自分の情報を検索することがある。　　　　　　　　　　　　　　　　　　　　　（難易度 A）	☐	☐
2	ブルーノ・マーズが自分を「音楽の研究者」と表すのは、多様な曲をプロデュースして学んだからである。　　　　　　　　　（難易度 A）	☐	☐
3	マーズは日頃、努めて音楽以外のことを考えるようにしている。　　　　　　　　　　　　　　　　　　　　　　　　　　　（難易度 A）	☐	☐
4	マーズは以前、賭け事で手にしたお金で家賃を払っていた。　（難易度 B）	☐	☐
5	マーズによると、デビュー直前まで経済的に比較的余裕のある生活を送っていた。　　　　　　　　　　　　　　　　　　　　　（難易度 B）	☐	☐
6	マーズは、音楽以外に何も得意なことがないと語っている。　　　　　　　　　　　　　　　　　　　　　　　　　　　　　（難易度 A）	☐	☐
7	マーズはカリフォルニアに引っ越した後、自分のために作曲してくれる人を見つけた。　　　　　　　　　　　　　　　　　　（難易度 C）	☐	☐
8	このインタビューでマーズは、映像的にイメージを膨らませながらアルバムを制作したと説明している。　　　　　　　　　　（難易度 C）	☐	☐
9	マーズによると、成長期を過ごしたハワイではダンス音楽がなかなか聞けなかった。　　　　　　　　　　　　　　　　　　　（難易度 A）	☐	☐
10	マーズは人々を躍りたい気持ちにさせるアルバムを作りたいと憧れている。　　　　　　　　　　　　　　　　　　　　　　　（難易度 A）	☐	☐

答え：Q1. No／Q2. Yes／Q3. No／Q4. Yes／Q5. No／Q6. Yes／Q7. No／Q8. Yes／Q9. No／Q10. Yes

ロックスターの英語　インタビュー集2015〜2020

発行日	2020年11月10日（初版）
企画・編集	株式会社アルク 出版編集部
巻頭コラム執筆	高見 展
学習法コラム執筆	松岡 昇
音声解説	小川直樹
翻訳	挙市玲子、中村有以
英文校正	Peter Branscombe、Margaret Stalker
カバー・扉デザイン	小口翔平＋大城ひかり（tobufune）
本文デザイン	清水優子（FUN DESIGN Graphic）
ナレーション（タイトルコール）	Howard Colefield
音声編集	株式会社メディアスタイリスト
DTP	株式会社秀文社
印刷・製本	シナノ印刷株式会社
発行者	天野智之
発行所	株式会社アルク

〒102-0073　東京都千代田区九段北4-2-6　市ヶ谷ビル
Website：https://www.alc.co.jp/

カバー写真：Backgrid UK／アフロ
p. 2 〜 p. 3写真：（ガガ）REX／アフロ、（リアム）REX／アフロ、（アデル）Chris Ashford/Camera Press／アフロ、（エルトン）Press Association／アフロ、（ポール）KCS／アフロ、（テイラー）REX／アフロ、（クラプトン）INSTARimages／アフロ、（ブルーノ）Splash／アフロ、（キース）INSTARimages／アフロ、（ノエル）Shutterstock／アフロ
p. 6 〜p. 11写真：（キース）Splash／アフロ、（ノエル）Shutterstock／アフロ、（リアム）picture alliance／アフロ、（ガガ）REX／アフロ、（クラプトン）PA Images／アフロ、（ポール）Photoshot／アフロ、（エルトン）AP／アフロ、（テイラー）REX／アフロ、（アデル）AP／アフロ、（ブルーノ）Shutterstock／アフロ
p. 21写真：（テイラー）AP／アフロ、（ノエル）Shutterstock／アフロ

Printed in Japan.
PC：7020069
ISBN：978-4-7574-3656-5

地球人ネットワークを創る

アルクのシンボル
「地球人マーク」です。